발달지체 영유아 조기개입 조기개입 | 수용언어편 2

임경옥 저

학지사

　필자가 25년을 특수교육현장에 있으면서 느꼈던 가장 큰 안타까움은 장애 및 발달지체 영유아를 지도하기 위해 조기에 개입할 수 있는 지침서가 없다는 것이었다. 이와 관련하여 이들을 양육하는 부모와 현장에서 지도하는 교사들의 요구가 지속되었지만 감히 엄두를 낼 수가 없었다.

　그러나 대학에서 후학을 양성하고자 운영하던 특수교육기관을 정리하면서 그동안 미루어왔던 장애 영유아 발달 영역별 지도를 위한 지침서를 현장 경험을 바탕으로 열정 하나만 가지고 집필하였고, 출간된 지 벌써 6년이 지났다.

　열정만 가지고 집필했던 지침서는 6년이 지난 현 시점에서 돌이켜 보면 부끄러워 감히 내놓을 수 없을 만큼 미숙하고 부족한 부분이 너무 많아 죄송한 마음을 금할 길 없다. 그럼에도 불구하고 『장애 영유아 발달 영역별 지침서』(전5권)가 장애 영유아를 지도하는 데 많은 도움이 되었다는 장애아동의 부모님, 특수교사, 그리고 장애 영유아를 위한 유아 교육현장의 통합반 담당 교사들에게 먼저 감사드린다. 그리고 부족한 부분에 조언을 아끼지 않고 오랫동안 이 책을 지켜봐 주신 주변 지인들에게도 감사의 인사를 드린다. 이러한 지원과 채찍은 기존에 출판된 저서의 미숙하고 부족한 부분을 보완하여 전반적인 수정과 더불어 다시 집필해야 한다는 책무로 다가왔다. 그러므로 『발달지체 영유아 조기개입』에 대한 집필은 이 책을 아껴 주셨던 모든 분에게 감사의 마음으로 헌납하고자 심혈을 기울였으며, 처음 집필 시의 열정을 가지고 미숙하게 출간된 부끄러움을 조금이나마 만회하고자 최선을 다하였다.

　이 책은 시리즈로 구성되어 각 영역별로 구성되어 있다. '인지' '수용언어' '표현언어' '대근육과 소근육' '사회성과 신변처리' 등의 영역으로 구성되어 있으며, 각 영역별로 가정에서도 장애 및 발달지체 영유아를 쉽게 지도할 수 있도록 초점을 맞추었다. 이를 위해 가능한 한 전문적인 용어를 배제하고 가장 쉽게 이해할 수 있는 용어를 선택하고자 고심하였으며, 실제적이고 기능 중심적인 항목을 배치하고자 노력하였다. 그리고 각 항목마다 되도록 자세히 서술하였고, 각 책의 부록에는 각 영역별 발달수준을 체크하여 지도할 수 있도록 항목별 시행 일자와 습득 일자를 기록할 수 있는 관찰표를 수록하였다.

따라서 이 책을 활용하여 지도할 경우, 각 항목의 방법 1은 수행 여부를 가늠하기 위한 선행검사에 중점을 두었으므로 방법 1로 각 항목의 수행 여부를 관찰표에 기록한 후 지도하도록 한다. 이를 위해 각 영역별로 개인별 특성을 고려하여 장애 및 발달지체 영유아의 현재 나이를 기준으로 한두 살 아래와 위 단계까지 관찰표에 수행 여부를 기록한 후 지도할 것을 권장한다. 또한 각 항목별 수행 후 반드시 다양하게 위치를 바꾸어 수행 여부를 확인해야 하며, 특히 그림 지도 시에는 위치가 고정되어 있어 외워서 수행될 가능성을 배제할 수 없으므로 그림을 여러 장 복사한 후 그림을 오려서 다양하게 위치를 바꾸어 확인해야 한다.

강화제(행동의 결과로 영유아가 좋아하는 것을 제공하는 것. 예: 음식물, 장난감, 스티커 등) 적용은 각 항목의 방법에 적용되어 있는 순서를 참고하여 필요 시 각 단계마다 적절하게 상황을 판단하여 제공해 줄 것을 제안한다. 그리고 처음 지도 시에는 자주 강화제를 제공하다가 점차 줄여나가야 함을 유의하도록 한다.

끝으로, 이 책이 장애 및 발달지체 영유아를 양육하는 부모님과 이들을 현장에서 지도하는 모든 교사, 그리고 장애 영유아를 위한 보육교사와 특수교사를 배출하는 대학의 교재로서 미력하나마 도움이 되길 진심으로 바란다. 또한 이 책의 출판을 맡아 준 학지사의 김진환 사장님을 비롯하여 완성도 높은 책이 출판될 수 있도록 힘든 편집과 교정 및 삽화 작업을 묵묵히 도와주신 편집부 김준범 차장님과 직원들에게도 감사드린다. 마지막으로 이 책의 이해를 돕기 위해 사용한 삽화의 근간이 되어 준 『장애 영유아 발달 영역별 지침서』의 그림을 그려 준 딸 수지와 진심으로 격려해 주고 지원해 준 지인들에게 무한한 고마움을 전하며 모든 분에게 하나님의 축복과 영광이 함께하길 기원한다.

장애 및 발달지체 영유아의 행복한 삶을 기원하며
2018년 1월 임경옥

차례

수용언어편

수용언어편

1 소리 나는 방향으로 고개 돌리기　　0~1세

목표 │ 소리 나는 방향으로 고개를 돌릴 수 있다.

자료 │ 소리 나는 장난감(예: 딸랑이, 방울), 소리가 녹음된 CD와 카세트, 강화제

방법 ①

• 교사가 예를 들어 방울을 영아 옆이나 뒤에서 흔든다.

• 교사가 소리 나는 방향으로 고개를 돌리면서 영아에게 교사를 모방하여 소리 나는 방향으로 고개를 돌리게 한다.

• 수행되면 교사가 방울을 영아 옆이나 뒤에서 흔들 때 영아 스스로 소리 나는 방향으로 고개를 돌리게 한다.

• 수행되면 영아의 특성에 맞는 적절한 강화제를 제공한다.

방법 ②

• 교사가 예를 들어 방울을 영아 옆이나 뒤에서 흔든다.

• 교사가 소리 나는 방향으로 고개를 돌리면서 영아에게 교사를 모방하여 소리 나는 방향으로 고개를 돌리게 한다.

• 모방하지 못하면 교사가 영아의 고개를 잡고 소리 나는 방향으로 고개를 돌려 준다.

• 교사가 영아에게 방울을 쳐다보게 한 후 방울을 흔들어 영아의 눈앞에서 옆이나

뒤로 이동하며 소리 나는 방향으로 영아의 고개를 돌리게 한다.
- 도움을 점차 줄여 간다.
- 수행되면 교사가 방울을 영아 옆이나 뒤에서 흔들 때 영아 스스로 소리 나는 방향으로 고개를 돌리게 한다.
- 수행되면 영아의 특성에 맞는 적절한 강화제를 제공한다.

☞ 필요시 각 단계마다 적절한 강화제(예: 안아 주기, 뽀뽀하기, 칭찬하기, 좋아하는 과자나 장난감 주기 등)를 제공하면 과제 수행을 촉진할 수 있으므로 모든 연령에 활용하도록 한다.

☞ 강화제 제공 시, 특히 음식물(예: 과자)을 사용할 경우 포만감을 느끼지 않도록 아주 조금씩(예: 과자 제공 시 쿠키 하나를 4등분하여 제공) 주어야 함을 유념해야 한다. 충분한 양을 제공할 경우 강화제로서의 효과가 감소될 수 있으므로 유의하도록 한다.

☞ 수행이 되지 않는 단계는 반복하여 지도하도록 한다.

2　이름 부르면 반응하기　　0~1세

목표 | 이름을 부르면 쳐다보거나 돌아볼 수 있다.
자료 | 소리 나는 장난감(예: 딸랑이, 방울), 과자 봉지, 강화제

방법 ❶
- 교사가 영아를 가리키며 영아의 이름을 말해 준다(예: 네 이름은 ○○야).
- 다른 사람에게 교사를 부르게 한 후 교사가 쳐다보거나 돌아보는 시범을 보인다.
- 교사가 영아의 이름을 부르면 교사를 모방하여 쳐다보거나 돌아보라고 한다.
- 수행되면 교사가 영아의 이름을 부를 때 영아 스스로 쳐다보거나 돌아보게 한다.

• 수행되면 영아의 특성에 맞는 적절한 강화제를 제공한다.

방법 ❷

• 교사가 영아를 가리키며 영아의 이름을 말해 준다(예: 네 이름은 ○○야).
• 다른 사람에게 교사를 부르게 한 후 교사가 쳐다보거나 돌아보는 시범을 보인다.
• 교사가 영아의 이름을 부르면 교사를 모방하여 쳐다보거나 돌아보라고 한다.
• 모방하지 못하면 예를 들어 교사가 영아의 뒤에서 이름을 부른 후 영아의 고개를 잡고 교사 방향으로 돌려 준다.
• 모방하지 못하면 교사가 영아의 이름을 부를 때 마다 고개를 돌려 주는 행동을 반복한다.
• 교사가 영아의 뒤에서 이름을 부른 후 고개에 손을 살짝 대 준다.
• 영아 뒤에서 교사가 소리 나는 장난감(예: 딸랑이)이나 과자 봉지를 바스락 소리가 나게 비비면서 영아의 이름을 불러 돌아볼 수 있도록 한다.
• 도움을 점차 줄여 간다.
• 교사가 영아의 이름을 부르면 영아 스스로 쳐다보거나 돌아보게 한다.
• 수행되면 영아의 특성에 맞는 적절한 강화제를 제공한다.

☞ 일반적으로 영아 뒤에서 교사가 소리 나는 장난감(예: 딸랑이)이나 과자 봉지를 바스락 소리가 나게 비비면 쉽게 돌아본다.

3 이름 부르면 눈 마주치기   0~1세

목표 │ 이름을 부르면 눈을 마주칠 수 있다.
자료 │ 소리 나는 장난감(예: 딸랑이, 방울), 과자, 과자 봉지, 강화제

방법 ❶

- 교사가 영아의 이름을 부르며 눈을 마주치게 한다.
- 교사가 영아의 이름을 부른 후 교사의 눈을 쳐다보라고 한다.
- 교사가 영아의 이름을 부르면 영아 스스로 교사와 눈을 마주쳐 보라고 한다.
- 수행되면 영아의 특성에 맞는 적절한 강화제를 제공한다.

방법 ❷

- 교사가 영아의 이름을 부르며 눈을 마주치게 한다.
- 교사가 영아의 이름을 부른 후 교사의 눈을 쳐다보라고 한다.
- 영아가 교사의 눈을 쳐다보지 않으면 영아가 좋아하는 강화물(예: 과자)을 교사의 눈높이에 올려놓고 있거나, 소리 나는 장난감을 흔들거나 과자 봉지를 바스락거리게 소리 내서 영아가 교사의 눈과 마주칠 수 있도록 유도한다.
- 반응이 없으면 교사가 영아의 얼굴을 잡고 교사의 눈과 마주칠 수 있도록 한다.
- 수행되면 교사가 예를 들어 영아가 좋아하는 과자를 가지고 영아의 눈앞에서 천천히 움직이면서 과자를 따라 시선이 쫓아오는 것을 확인한 후 과자를 교사의 눈앞에서 멈추어 교사의 눈과 마주칠 수 있도록 한다.
- 도움을 점차 줄여 간다.
- 교사가 영아의 이름을 부르면 영아 스스로 교사의 눈과 마주치게 한다.
- 수행되면 영아의 특성에 맞는 적절한 강화제를 제공한다.

 4 쳐다보라는 지시에 따르기   0~1세

목표 | 쳐다보라는 지시에 따를 수 있다.

자료 | 소리 나는 장난감(예: 딸랑이, 방울), 과자 봉지, 강화제

방법 ❶

- 교사가 예를 들어 딸랑이를 흔들면서 딸랑이를 쳐다보는 시범을 보인다.
- 교사가 딸랑이를 흔들면서 영아에게 교사를 모방하여 딸랑이를 쳐다보게 한다.
- 수행되면 교사가 딸랑이를 흔들면서 쳐다보라고 할 때 영아 스스로 딸랑이를 쳐다보게 한다.
- 수행되면 영아의 특성에 맞는 적절한 강화제를 제공한다.

방법 ❷

- 교사가 예를 들어 딸랑이를 흔들면서 딸랑이를 쳐다보는 시범을 보인다.
- 교사가 딸랑이를 흔들면서 영아에게 교사를 모방하여 딸랑이를 쳐다보게 한다.
- 모방하지 못하면 교사가 딸랑이를 손으로 짚으며 영아에게 쳐다보게 한다.
- 교사가 딸랑이를 가리키며 영아에게 쳐다보게 한다.
- 쳐다보지 않으면 영아 눈앞에서 딸랑이를 계속 흔들며 영아에게 쳐다보게 한다.
- 도움을 점차 줄여 간다.
- 수행되면 교사가 딸랑이를 흔들면서 쳐다보라고 할 때 영아 스스로 딸랑이를 쳐다보게 한다.
- 수행되면 영아의 특성에 맞는 적절한 강화제를 제공한다.

☞ 수행되면 영아가 좋아하는 친숙한 물건을 가지고 같은 방법으로 지도하면 일반화(배운 것을 다른 곳에도 적용할 수 있음)시키는 데 도움이 된다.

5 "안 돼."라고 했을 때 행동 멈추기 0~1세

목표 | "안 돼."라고 했을 때 행동을 멈출 수 있다.
자료 | 영아가 좋아하는 장난감(예: 자동차 두 대), 강화제

방법 ❶

- 교사가 예를 들어 장난감 자동차를 굴리다가 "안 돼."라고 하면 멈추는 시범을 보인다.
- 교사와 영아가 장난감 자동차를 굴리다가 교사가 "안 돼."라고 하면 영아가 교사를 모방하여 멈추게 한다.
- 수행되면 교사와 영아가 장난감 자동차를 굴리다가 교사가 "안 돼."라고 할 때 영아 스스로 멈추게 한다.
- 수행되면 영아의 특성에 맞는 적절한 강화제를 제공한다.

방법 ❷

- 교사가 예를 들어 장난감 자동차를 굴리다가 "안 돼."라고 하면 멈추는 시범을 보인다.
- 교사와 영아가 장난감 자동차를 굴리다가 교사가 "안 돼."라고 하면 영아가 교사를 모방하여 멈추게 한다.
- 모방하지 못하면 교사가 영아의 손을 잡고 장난감 자동차를 굴리다가 "안 돼."라고 할 때 멈추어 준다.
- 교사가 영아의 손을 잡고 장난감 자동차를 굴리다가 "안 돼."라고 할 때 잠깐(1~2초 정도) 멈추어 주고 손을 뗀 후 영아가 계속 멈추어 있게 한다.
- 도움을 점차 줄여 간다.
- 수행되면 영아에게 장난감 자동차를 굴리게 하다가 교사가 "안 돼."라고 할 때 영아 스스로 멈추게 한다.
- 수행되면 영아의 특성에 맞는 적절한 강화제를 제공한다.

☞ 영아가 과자를 집으려고 할 때 "안 돼."라고 한 후 수행되면 과자를 강화제로 먹게 하는 방법으로 지도를 하면 가장 빠르게 수행을 할 수 있다. 그러나 현장에서의 경험을 토대로 하면 과자에 집중해서 과제 수행 지도 시 어려움이 발생할 수 있으므로 자동차를 예시로 제시하였다. 따라

서 영아의 특성을 고려하여 과자나 영아가 좋아하는 장난감을 이용하여 위와 같은 방법으로 지도하면 된다.

 ## 6 잼잼 모방하기 　　　　　　　　　　　0~1세

목표 ｜ 잼잼을 모방할 수 있다.
자료 ｜ 강화제

방법 ❶

- 교사가 "나~처럼 ♬ 해 봐요 ♬ 이~렇게 ♬ 잼~잼 ♬"이라고 노래 부르며 반복적으로 주먹을 쥐었다 펴는 시범을 보인다.
- 영아에게 교사를 모방하여 반복적으로 주먹을 쥐었다 펴게 하여 '잼잼'을 하게 한다.
- 수행되면 영아의 특성에 맞는 적절한 강화제를 제공한다.

방법 ❷

- 교사가 "나~처럼 ♬ 해 봐요 ♬ 이~렇게 ♬ 잼~잼 ♬"이라고 노래 부르며 반복적으로 주먹을 쥐었다 펴는 시범을 보인다.
- 영아에게 교사를 모방하여 반복적으로 주먹을 쥐었다 펴게 한다.
- 모방하지 못하면 교사가 영아의 손을 잡고 주먹을 쥐었다 펴게 해 준다.
- 교사가 양쪽 주먹을 쥐는 시범을 보인다.
- 영아에게 교사를 모방하여 양쪽 주먹을 쥐어 보게 한다.
- 모방하지 못하면 교사가 영아의 손을 잡고 양쪽 주먹을 쥐게 해 준다.
- 교사가 영아의 오른쪽 주먹을 쥐게 해 준 후 영아에게 왼쪽 주먹을 쥐게 한다.
- 도움을 점차 줄여 간다.

- 수행되면 교사가 양쪽 주먹을 쥐면서 영아에게 교사를 모방하여 양쪽 주먹을 쥐어 보게 한다.
- 수행되면 교사가 양쪽 주먹을 펴는 시범을 보인다.
- 영아에게 교사를 모방하여 양쪽 주먹을 펴 보게 한다.
- 모방하지 못하면 교사가 영아의 손을 잡고 양쪽 주먹을 펴게 해 준다.
- 교사가 영아의 오른쪽 주먹을 펴게 해 준 후 영아에게 왼쪽 주먹을 펴게 한다.
- 도움을 점차 줄여 간다.
- 수행되면 교사가 양쪽 주먹을 펴면서 영아에게 교사를 모방하여 양쪽 주먹을 펴 보게 한다.
- 수행되면 영아에게 교사를 모방하여 반복적으로 주먹을 쥐었다 펴게 하여 '잼잼' 을 하게 한다.
- 수행되면 영아의 특성에 맞는 적절한 강화제를 제공한다.

☞ 각 방법마다 "나처럼 해봐요 이렇게" 노래를 응용하여 놀이식으로 지도하면 효과적이다.

7 도리도리 모방하기 `0~1세`

목표 | 도리도리를 모방할 수 있다.

자료 | 강화제

방법 ❶
- 교사가 "나~처럼 해 봐요 ♬ 이~렇게 도~리 도~리 ♬"라고 노래 부르며 고개 를 좌우(오른쪽과 왼쪽)로 반복하여 흔드는 시범을 보인다.
- 영아에게 교사를 모방하여 고개를 좌우로 반복하여 흔들어 '도리도리'를 하게 한다.

- 수행되면 영아의 특성에 맞는 적절한 강화제를 제공한다.

방법 ❷

- 교사가 "나~처럼 해 봐요 ♬ 이~렇게 도~리 도~리 ♬"라고 노래 부르며 고개를 좌우(오른쪽과 왼쪽)로 반복하여 흔드는 시범을 보인다.
- 영아에게 교사를 모방하여 고개를 좌우로 반복하여 흔들어 '도리도리'를 하게 한다.
- 모방하지 못하면 교사가 왼쪽(영아가 볼 때 오른쪽)으로 고개를 돌리는 시범을 보인다.
- 영아에게 교사를 모방하여 오른쪽으로 고개를 돌리게 한다.
- 모방하지 못하면 교사가 오른쪽으로 영아의 고개를 돌려 준다.
- 교사가 오른쪽 방향으로 영아의 고개를 살짝 돌려 준 후 영아에게 오른쪽으로 고개를 돌리게 한다.
- 도움을 점차 줄여 간다.
- 수행되면 교사를 모방하여 오른쪽으로 고개를 돌리게 한다.
- 수행되면 교사가 오른쪽(영아가 볼 때 왼쪽)으로 고개를 돌리는 시범을 보인다.
- 영아에게 교사를 모방하여 왼쪽으로 고개를 돌리게 한다.
- 모방하지 못하면 오른쪽으로 고개를 돌리는 것과 같은 방법으로 지도한다.
- 도움을 점차 줄여 간다.
- 영아에게 교사를 모방하여 고개를 좌우로 반복하여 흔들어 '도리도리'를 하게 한다.
- 수행되면 영아의 특성에 맞는 적절한 강화제를 제공한다.

☞ 영아와 마주 보고 지도할 때는 교사와 영아가 보는 방향이 반대 방향(예: 교사가 오른쪽 손을 사용할 경우 영아가 볼 때는 왼손이 됨)이 되므로 방향에 대한 부분을 반드시 유념하도록 한다. 특히, 교사가 본인도 인식하지 못하고 습관적으로 오른손을 사용하게 되는 경우가 많으므로 주의해야 한다.

☞ 각 방법마다 "나처럼 해봐요 이렇게" 노래를 응용하여 놀이식으로 지도하면 효과적이다.

행동을 보여 주면 모방하여 지시 따르기 0~1세

목표 | 행동을 보여 주면 모방하여 지시를 따를 수 있다.
자료 | 교사 및 영아용 의자, 강화제

방법 ❶

- 교사가 예를 들어 의자에 앉으라고 하면서 의자에 앉는 시범을 보인다.
- 교사가 의자에 앉으면서 영아에게 교사를 모방하여 의자에 앉으라고 한다.
- 수행되면 영아 스스로 의자에 앉으라고 한다.
- 수행되면 영아의 특성에 맞는 적절한 강화제를 제공한다.

방법 ❷

- 교사가 예를 들어 의자에 앉으라고 하면서 의자에 앉는 시범을 보인다.
- 교사가 의자에 앉으면서 영아에게 교사를 모방하여 의자에 앉으라고 한다.
- 모방하지 못하면 교사가 영아의 손을 잡고 영아를 의자에 앉혀 준다.
- 교사가 의자에 앉으면서 영아의 의자를 가리키며 영아에게 앉으라고 한다.
- 교사가 의자에 앉은 상태에서 영아에게 손짓으로 의자에 앉으라고 한다.
- 도움을 점차 줄여 간다.
- 교사가 의자에 앉으면서 영아에게 교사를 모방하여 의자에 앉으라고 한다.
- 수행되면 영아의 특성에 맞는 적절한 강화제를 제공한다.

방법 ❸

- 교사가 예를 들어 의자를 두 개 놓고 교사가 영아와 마주 보고 서 있다가 교사가 "의자에 앉아요."라고 말하면서 의자에 앉는 시범을 보인다.
- 교사가 의자에 앉는 모습을 보고 영아도 모방하여 앉게 한다.

- 의자에 앉지 못하면 교사가 영아의 허리를 잡고 의자에 앉혀 준다.
- 교사가 의자를 가리키며 영아에게 "앉아요." 라고 말한다.
- 도움을 점차 줄여 간다.
- 수행되면 교사가 앉으라고 할 때 영아가 모방하여 의자에 앉게 한다.
- 수행되면 영아의 특성에 맞는 적절한 강화제를 제공한다.

☞ 과자를 사용하여 먹는 행동을 모방하라고 하면 빠른 수행을 보이나, 교사의 먹는 행동을 모방하여 먹는지 영아가 본능적으로 먹는지를 판단하기가 어려우므로 주의해야 한다.

☞ 수행되면 위와 같은 방법으로 카펫을 깔아 놓고 누워 보라고 지시할 때 눕는 모습을 모방하게 하는 등 행동을 보여 주면 모방하여 지시 따르기를 생활 속에서 다양하게 활용하면 된다.

9 "빠이빠이." 라고 말해 주면 손 흔들기 0~1세

목표 | "빠이빠이." 라고 말해 주면 손을 좌우로 흔들 수 있다.
자료 | 강화제

방법 ❶

- 교사가 "빠이빠이." 라고 말하면서 왼손(영아가 볼 때 오른손)을 좌우로 흔드는 시범을 보인다.
- 교사가 "빠이빠이." 라고 말해 줄 때 영아가 교사를 모방하여 오른손을 좌우로 흔들게 한다.
- 수행되면 교사가 "빠이빠이." 라고 말해 줄 때 영아 스스로 오른손을 좌우로 흔들게 한다.
- 수행되면 영아의 특성에 맞는 적절한 강화제를 제공한다.

- 교사가 "빠이빠이."라고 말하면서 왼손(영아가 볼 때 오른손)을 좌우로 흔드는 시범을 보인다.
- 교사가 "빠이빠이."라고 말해 줄 때 영아가 교사를 모방하여 오른손을 좌우로 흔들게 한다.
- 모방하지 못하면 교사가 영아의 오른손을 잡고 좌우로 흔들어 준다.
- 교사가 영아의 오른손을 가리키며 좌우로 흔들어 보라고 한다.
- 도움을 점차 줄여 간다.
- 수행되면 교사가 "빠이빠이."라고 말해 줄 때 영아 스스로 오른손을 좌우로 흔들게 한다.
- 수행되면 영아의 특성에 맞는 적절한 강화제를 제공한다.

☞ 영아와 마주 보고 지도할 때는 교사와 영아가 보는 방향이 반대 방향(예: 교사가 오른쪽 손을 사용할 경우 영아가 볼 때는 왼손이 됨)이 되므로 방향에 대한 부분을 반드시 유념하도록 한다. 특히, 교사가 본인도 인식하지 못하고 습관적으로 오른손을 사용하게 되는 경우가 많으므로 주의해야 한다.

10 손 올리는 동작 모방하기 〔0~1세〕

목표 | 손 올리는 동작을 모방할 수 있다.
자료 | 강화제

방법 ❶

- 교사가 "오~른 손 올~려 ♬ 예쁘게 올~려 ♬ 까딱 까딱 ♬ 손목 춤추자 ♬"라고 노래 부르며 왼손(영아가 볼 때 오른손)을 올리는 시범을 보인다.

- 영아에게 교사를 모방하여 오른손을 올려 보라고 한다.
- 수행되면 교사가 "왼~손 올~려 ♫ 예쁘게 올~려 ♫ 까딱 까딱 ♫ 손목 춤추자 ♫"라고 노래 부르며 오른손(영아가 볼 때 왼손)을 올리는 시범을 보인다.
- 영아에게 교사를 모방하여 왼손을 올려 보라고 한다.
- 수행되면 교사의 손 올리는 동작을 영아 스스로 모방해 보라고 한다.
- 수행되면 영아의 특성에 맞는 적절한 강화제를 제공한다.

방법 ❷

- 교사가 "오~른 손 올~려 ♫ 예쁘게 올~려 ♫ 까딱 까딱 ♫ 손목 춤추자 ♫"라고 노래 부르며 왼손(영아가 볼 때 오른손)을 올리는 시범을 보인다.
- 영아에게 교사를 모방하여 오른손을 올려 보라고 한다.
- 모방하지 못하면 교사가 영아의 손을 잡고 오른손을 올려 준다.
- 교사가 영아의 오른손을 1/2 정도 올려 준 후 영아에게 올려 보라고 한다.
- 교사가 영아에게 왼손(영아가 볼 때 오른손)을 올리는 동작을 보여 주며 영아에게 오른손을 올려 보라고 한다.
- 도움을 점차 줄여 간다.
- 수행되면 영아 스스로 교사를 모방하여 오른손을 올려 보라고 한다.
- 수행되면 교사가 "왼~손 올~려 ♫ 예쁘게 올~려 ♫ 까딱 까딱 ♫ 손목 춤추자 ♫"라고 노래 부르며 오른손(영아가 볼 때 왼손)을 올리는 시범을 보인다.
- 영아에게 교사를 모방하여 왼손을 올려 보라고 한다.
- 모방하지 못하면 오른손을 올리는 것과 같은 방법으로 지도한다.
- 도움을 점차 줄여 간다.
- 수행되면 교사의 손 올리는 동작을 영아 스스로 모방해 보라고 한다.
- 수행되면 영아의 특성에 맞는 적절한 강화제를 제공한다.

☞ 영아와 마주 보고 지도할 때는 교사와 영아가 보는 방향이 반대 방향(예: 교사가 오른쪽 손을 사용

할 경우 영아가 볼 때는 왼손이 됨)이 되므로 방향에 대한 부분을 반드시 유념하도록 한다. 특히, 교사가 본인도 인식하지 못하고 습관적으로 손이나 발을 사용하게 되는 경우가 많으므로 주의해야 한다.

11 손뼉 치기　　　　　0~1세

목표 | 손뼉을 칠 수 있다.
자료 | 강화제

방법 ❶

- 교사가 "손~뼉을 치자 ♫ 이~렇게 짝짝짝 짝~짝 ♫"이라고 노래 부르며 손뼉을 치는 시범을 보인다.
- 영아에게 교사를 모방하여 손뼉을 쳐 보라고 한다.
- 수행되면 영아 스스로 손뼉을 쳐 보라고 한다.
- 수행되면 영아의 특성에 맞는 적절한 강화제를 제공한다.

방법 ❷

- 교사가 "손~뼉을 치자 ♫ 이~렇게 짝짝짝 짝~짝 ♫"이라고 노래 부르며 손뼉을 치는 시범을 보인다.
- 영아에게 교사를 모방하여 손뼉을 쳐 보라고 한다.
- 모방하지 못하면 교사가 영아의 손을 잡고 손뼉을 쳐 준다.
- 교사가 영아의 두 손을 잡고 앞으로 내밀어 준 후 영아에게 두 손을 마주쳐 손뼉을 쳐 보라고 한다.
- 수행되면 교사가 영아의 한 손을 잡고 앞으로 내밀어 준 후 영아에게 두 손을 마주쳐 손뼉을 쳐 보라고 한다.

- 도움을 점차 줄여 간다.
- 수행되면 영아 스스로 손뼉을 쳐 보라고 한다.
- 수행되면 영아의 특성에 맞는 적절한 강화제를 제공한다.

방법 ❸

- 교사가 "손~뼉을 치자 ♬ 이~렇게 짝짝짝 짝~짝 ♬"이라고 노래 부르며 한쪽 손을 앞으로 내미는 시범을 보인다.
- 영아에게 교사를 모방하여 한쪽 손을 앞으로 내밀어 보라고 한다.
- 모방하지 못하면 교사가 영아의 한쪽 손을 잡고 앞으로 내밀어 준다.
- 교사가 영아의 한쪽 손을 가리키며 앞으로 내밀어 보라고 한다.
- 도움을 점차 줄여 간다.
- 수행되면 영아 스스로 한쪽 손을 앞으로 내밀어 보라고 한다.
- 수행되면 교사가 다른 한쪽 손을 앞으로 내미는 시범을 보인다.
- 영아에게 교사를 모방하여 다른 한쪽 손을 앞으로 내밀어 보라고 한다.
- 모방하지 못하면 교사가 영아의 다른 한쪽 손을 잡고 앞으로 내밀어 준다.
- 교사가 영아의 다른 한쪽을 가리키며 앞으로 내밀어 보라고 한다.
- 도움을 점차 줄여 간다.
- 수행되면 영아 스스로 다른 한쪽 손을 앞으로 내밀어 보라고 한다.
- 수행되면 교사가 두 손을 마주치는 시범을 보인다.
- 영아에게 교사를 모방하여 두 손을 마주쳐 보라고 한다.
- 모방하지 못하면 교사가 영아의 두 손을 잡고 마주쳐 준다.
- 교사가 두 손을 마주치는 동작을 보여 주며 영아에게 두 손을 마주쳐 보라고 한다.
- 도움을 점차 줄여 간다.
- 수행되면 영아 스스로 손뼉을 쳐 보라고 한다.
- 수행되면 영아의 특성에 맞는 적절한 강화제를 제공한다.

☞ 각 방법마다 "손~뼉을 치자 🎵 이~렇게 짝짝짝 짝~짝 🎵" 노래를 응용하여 놀이식으로 지도해도 된다.

12 곤지곤지하기　　　　　　0~1세

목표 | 곤지곤지를 모방할 수 있다.
자료 | 강화제

방법 ❶

- 교사가 "나~처럼 해 봐요 🎵 이~렇게 곤~지 곤~지 🎵"라고 노래 부르며 곤지곤지를 하는 시범을 보인다.
- 영아에게 교사를 모방하여 '곤지곤지'를 해 보라고 한다.
- 수행되면 영아 스스로 '곤지곤지'를 해 보라고 한다.
- 수행되면 영아의 특성에 맞는 적절한 강화제를 제공한다.

방법 ❷

- 교사가 "나~처럼 해 봐요 🎵 이~렇게 곤~지 곤~지 🎵"라고 노래 부르며 곤지곤지를 하는 시범을 보인다.
- 영아에게 교사를 모방하여 '곤지곤지'를 해 보라고 한다.
- 모방하지 못하면 교사가 영아의 손을 잡고 '곤지곤지'를 해 준다.
- 교사가 영아의 한쪽 손을 주먹을 쥔 상태에서 검지만 내밀어 준 후 영아에게 다른 한 손의 중앙에 검지를 갖다 대고 뗐다 닿게 하는 동작을 반복해 보라고 한다.
- 수행되면 교사가 영아의 한 손을 펴 준 후 영아에게 다른 한손을 주먹을 쥔 상태에서 검지만 내밀어 보라고 한다.
- 수행되면 교사가 영아의 한 손을 펴 준 후 영아에게 검지를 내밀어 다른 한 손의

중앙에 갖다 대고 뗐다 닿게 하는 동작을 반복해 보라고 한다.
- 도움을 점차 줄여 간다.
- 수행되면 영아 스스로 검지를 다른 한 손의 중앙에 갖다 대고 뗐다 닿게 하는 동작을 반복해 보라고 한다.
- 수행되면 영아 스스로 '곤지곤지'를 해 보라고 한다.
- 수행되면 영아의 특성에 맞는 적절한 강화제를 제공한다.

방법 ❸
- 교사가 "나~처럼 해 봐요 ♬ 이~렇게 곤~지 곤~지 ♬"라고 노래 부르며 한쪽 손을 앞으로 내미는 시범을 보인다.
- 영아에게 교사를 모방하여 한쪽 손을 앞으로 내밀어 보라고 한다.
- 모방하지 못하면 교사가 영아의 한쪽 손을 잡고 앞으로 내밀어 준다.
- 교사가 영아의 한쪽 손을 가리키며 앞으로 내밀어 보라고 한다.
- 수행되면 영아 스스로 한쪽 손을 앞으로 내밀어 보라고 한다.
- 수행되면 교사가 다른 한쪽 손을 주먹을 쥔 상태에서 검지만 내밀어 보이는 시범을 보인다.
- 영아에게 교사를 모방하여 다른 한쪽 손을 주먹을 쥔 상태에서 검지만 내밀어 보라고 한다.
- 모방하지 못하면 교사가 영아의 다른 한쪽 손을 잡고 주먹을 쥐어 준 후 검지를 내밀어 준다.
- 교사가 영아의 다른 한쪽 손을 잡고 주먹을 쥐어 준 후 영아에게 검지를 내밀어 보라고 한다.
- 도움을 점차 줄여 간다.
- 수행되면 영아 스스로 다른 한쪽 손을 주먹을 쥔 상태에서 검지만 내밀어 보라고 한다.
- 수행되면 교사가 검지를 다른 한 손의 중앙에 갖다 대고 뗐다 닿게 하는 동작을 반

복하는 시범을 보인다.

- 영아에게 교사를 모방하여 검지를 다른 한 손의 중앙에 갖다 대고 뗐다 닿게 하는 동작을 반복해 보라고 한다.
- 모방하지 못하면 교사가 영아의 검지를 다른 한 손의 중앙에 갖다 대 준 후 영아에게 뗐다 닿게 하는 동작을 반복해 보라고 한다.
- 도움을 점차 줄여 간다.
- 수행되면 영아 스스로 검지를 다른 한 손의 중앙에 갖다 대고 뗐다 닿게 하는 동작을 반복해 보라고 한다.
- 수행되면 영아 스스로 '곤지곤지'를 해 보라고 한다.
- 수행되면 영아의 특성에 맞는 적절한 강화제를 제공한다.

☞ 각 방법마다 "나처럼 해봐요 이렇게" 노래를 응용하여 놀이식으로 지도하면 효과적이다.

13 오라는 지시에 따르기

목표 | 오라는 지시에 따를 수 있다.

자료 | 강화제

방법 ❶

- 교사가 다른 유아를 데리고 오라고 하면 교사에게로 오는 시범을 보인다.
- 교사가 오라고 할 때 영아가 다른 유아를 모방하여 교사에게로 오게 한다.
- 수행되면 교사가 오라고 할 때 영아 스스로 교사에게로 온다.
- 수행되면 영아의 특성에 맞는 적절한 강화제를 제공한다.

방법 ❷

- 교사가 다른 유아를 데리고 오라고 하면 교사에게로 오는 시범을 보인다.
- 교사가 오라고 할 때 영아가 다른 유아를 모방하여 교사에게로 오게 한다.
- 오지 못하면 다른 교사에게 영아를 오라고 하게 한 후 교사가 영아의 손을 잡고 교사에게로 간다.
- 교사가 영아를 다른 교사가 오라고 하는 지점의 1/2 정도 데려다준 후 영아에게 다른 교사에게 가 보라고 한다.

- 수행되면 교사가 다른 교사가 오라고 하는 지점의 1/3 정도 데려다준 후 영아에게 다른 교사에게 가 보라고 한다.
- 도움을 점차 줄여 간다.
- 수행되면 교사가 오라고 할 때 영아 스스로 교사에게로 온다.
- 수행되면 영아의 특성에 맞는 적절한 강화제를 제공한다.

14 자신 가리키기   1~2세

목표 │ 자신을 가리킬 수 있다.
자료 │ 강화제

방법 ❶

- 교사가 "○○는 ♬ 어디 있나? ♬ 여~기 ♬"라고 노래 부르며 영아의 가슴을 손으로 가리킨다.
- 영아에게 교사를 모방하여 자신을 가리켜 보라고 한다.
- 수행되면 영아 스스로 자신을 가리켜 보라고 한다.
- 수행되면 영아의 특성에 맞는 적절한 강화제를 제공한다.

방법 ❷

- 교사가 "○○는 ♬ 어디 있나? ♬ 여~기 ♬"라고 노래 부르며 교사가 자신을 가리키는 시범을 보인 후 영아를 손으로 가리킨다.
- 영아에게 교사를 모방하여 자신을 가리켜 보라고 한다.
- 모방하지 못하면 교사가 영아의 손을 잡고 영아를 가리켜 준다.
- 교사가 영아를 가리키며 영아에게 자신을 가리켜 보라고 한다.
- 교사가 자신을 가리키는 동작을 보여 주며 영아에게 자신을 가리켜 보라고 한다.

- 도움을 점차 줄여 간다.
- 수행되면 영아 스스로 자신을 가리켜 보라고 한다.
- 수행되면 영아의 특성에 맞는 적절한 강화제를 제공한다.

방법 ❸

- 거울 앞에 서서 교사가 자신을 가리키는 시범을 보인 후 영아를 가리키며 "○○야 너야."라고 말해 준다.
- 영아에게 교사를 모방하여 자신을 가리켜 보라고 한다.
- 모방하지 못하면 교사가 영아의 손을 잡고 영아를 가리켜 준다.
- 교사가 영아의 가슴에 스티커를 붙여 준 후 떼면서 "○○야 너야."라고 말해 준다.
- 교사가 영아의 가슴에 스티커를 다시 붙여 준 후 영아에게 자신을 가리켜 보라고 한다.
- 수행되면 스티커를 뗀 후 영아에게 자신을 가리켜 보라고 한다.
- 도움을 점차 줄여 간다.
- 수행되면 영아 스스로 자신을 가리켜 보라고 한다.
- 수행되면 영아의 특성에 맞는 적절한 강화제를 제공한다.

☞ 일반적으로 큰 스티커를 붙여 주면 영아가 스스로 스티커를 떼려고 하기 때문에 이때 자신을 가리키게 하면 쉽게 수행이 가능하다. 그리고 큰 스티커가 없을 경우 영아에게 친근한 그림을 오려 양면테이프를 사용하여 붙여 주면 된다.

15 '엄마'와 '아빠' 가리키기   1~2세

목표 | '엄마'와 '아빠'를 가리킬 수 있다.
자료 | 엄마 사진, 아빠 사진, 강화제

방법 ❶

- 교사가 영아의 엄마 사진과 아빠 사진을 앞에 놓고 "엄마 · 아빠는 ♬ 어디 있나? ♬ 맞~춰 봐요 ♬ 맞~춰 봐요 ♬"라고 노래 부르며 '엄마'와 '아빠'의 사진을 가리키는 시범을 보인다.
- 영아에게 각각의 사진을 보여 주며 교사를 모방하여 '엄마'와 '아빠'의 사진을 가리켜 보라고 한다.
- 수행되면 교사가 두 장의 사진을 영아 앞에 놓고 영아 스스로 '엄마'와 '아빠'의 사진을 가리켜 보라고 한다.
- 수행되면 영아의 특성에 맞는 적절한 강화제를 제공한다.

방법 ❷

- 교사가 "엄마는 ♬ 어디 있나? ♬ 맞~춰 봐요 ♬ 맞~춰 봐요 ♬"라고 노래 부르며 '엄마'의 사진을 가리키는 시범을 보인다.
- 영아에게 교사를 모방하여 '엄마'의 사진을 가리켜 보라고 한다.
- 가리키지 못하면 교사가 영아의 손을 잡고 '엄마'의 사진을 가리켜 준다.
- 교사가 눈짓으로 '엄마'의 사진을 가리켜 준 후 영아에게 '엄마'의 사진을 가리켜 보라고 한다.
- 도움을 점차 줄여 간다.
- 수행되면 영아 스스로 '엄마'의 사진을 가리켜 보라고 한다.
- 수행되면 교사가 '아빠'의 사진을 가리키는 시범을 보인다.
- 영아에게 교사를 모방하여 '아빠'의 사진을 가리켜 보라고 한다.
- 가리키지 못하면 교사가 영아의 손을 잡고 '아빠'의 사진을 가리켜 준다.
- 교사가 눈짓으로 '아빠'의 사진을 가리켜 준 후 영아에게 '아빠'의 사진을 가리켜 보라고 한다.
- 도움을 점차 줄여 간다.
- 수행되면 영아 스스로 '아빠'의 사진을 가리켜 보라고 한다.

- 수행되면 교사가 두 장의 사진을 영아 앞에 놓고 영아 스스로 '엄마'와 '아빠'의 사진을 가리켜 보라고 한다.
- 수행되면 영아의 특성에 맞는 적절한 강화제를 제공한다.

☞ 실제 엄마 · 아빠를 가리키게 지도해야 한다. 상황상 엄마 · 아빠가 있는 곳에서 지도하기 힘들기 때문에 사진으로 지도하도록 했지만 사진으로 지도 시 수행이 어려울 수 있다. 그러므로 가능하면 엄마 · 아빠가 있는 집에서 위와 같은 방법으로 지도하도록 권유한다.

1~2세

16 친숙한 물건 다섯 개 가리키기   1~2세

목표 | 친숙한 물건 다섯 개를 가리킬 수 있다.
자료 | 영아에게 친숙한 물건 다섯 개, 강화제

방법 ❶
- 교사가 친숙한 물건 다섯 개의 이름을 말하면서 "○○는 ♫ 어디 있나? ♫ 여~기 ♫"라고 노래 부르며 각 물건을 가리키는 시범을 보인다.
- 교사가 친숙한 물건의 이름을 말해 줄 때 영아에게 교사를 모방하여 다섯 개의 친숙한 물건을 가리켜 보라고 한다.
- 수행되면 교사가 친숙한 물건 다섯 개의 이름을 말해 줄 때 영아 스스로 가리켜 보라고 한다.
- 수행되면 교사가 친숙한 물건 다섯 개의 위치를 다양하게 바꾸어 놓은 후 이름을 말해 줄 때 영아 스스로 각각 가리켜 보라고 한다.
- 수행되면 영아의 특성에 맞는 적절한 강화제를 제공한다.

- 교사가 친숙한 물건 다섯 개의 이름을 말하면서 "○○는 ♬ 어디 있나? ♬ 여~기 ♬"라고 노래 부르며 각 물건을 가리키는 시범을 보인다.
- 교사가 친숙한 물건 다섯 개를 가리켜 보라고 할 때 영아가 교사를 모방하여 다섯 개의 친숙한 물건을 가리키게 한다.
- 모방하지 못하면 교사가 예를 들어 '컵'이라고 말해 준 후 "컵은 ♬ 어디 있나? ♬ 여~기 ♬"라고 노래 부르며 '컵'을 가리키는 시범을 보인다.
- 교사가 '컵'이라고 말해 준 후 영아에게 교사를 모방하여 '컵'을 가리켜 보라고 한다.
- 모방하지 못하면 교사가 영아의 손을 잡고 '컵'을 가리켜 준다.
- 교사가 '컵'을 가리키며 영아에게 '컵'을 가리켜 보라고 한다.
- 도움을 점차 줄여 간다.
- 수행되면 교사가 '컵'을 가리켜 보라고 할 때 영아 스스로 '컵'을 가리키게 한다.
- 수행되면 교사가 예를 들어 '컵'과 '휴지'를 놓고 영아에게 '컵'을 가리켜 보라고 한다.
- 수행되면 교사가 "휴지는 ♬ 어디 있나? ♬ 여~기 ♬"라고 노래 부르며 '휴지'를 가리키는 시범을 보인다.
- 교사가 '휴지'라고 말해 준 후 영아에게 교사를 모방하여 '휴지'를 가리켜 보라고 한다.
- 모방하지 못하면 교사가 영아의 손을 잡고 '휴지'를 가리켜 준다.
- 교사가 '휴지'를 가리키며 영아에게 '휴지'를 가리켜 보라고 한다.
- 도움을 점차 줄여 간다.
- 수행되면 교사가 '휴지'를 가리켜 보라고 할 때 영아 스스로 '휴지'를 가리키게 한다.
- 수행되면 교사가 '컵'과 '휴지'를 놓고 각각 가리켜 보라고 할 때 영아 스스로 가리키게 한다.
- 수행되면 교사가 '컵'과 '휴지'의 위치를 바꾸어 놓고 각각 가리켜 보라고 할 때

영아 스스로 가리키게 한다.

• 수행되면 다른 친숙한 물건들도 같은 방법으로 지도한다.

• 도움을 점차 줄여 간다.

• 수행되면 교사가 친숙한 물건 다섯 개를 각각 가리켜 보라고 할 때 영아 스스로 가리키게 한다.

• 수행되면 교사가 친숙한 물건 다섯 개의 위치를 다양하게 바꾸어 놓은 후 각각 가리켜 보라고 할 때 영아 스스로 가리키게 한다.

• 수행되면 영아의 특성에 맞는 적절한 강화제를 제공한다.

☞ '컵'과 '휴지'를 지도한 후 예를 들어 '신발'을 지도할 경우 수행되면 '컵'과 '휴지' '신발'의 위치를 다양하게 바꾸어 확인해야 하며, 사물을 추가할 때마다 위치를 바꾸어 교사의 지시대로 가리킬 수 있는지 확인해야 한다.

☞ 실물로 지도한 후 그림으로 확인해 보면 된다.

17 요구할 때 사물 주기

목표 | 요구할 때 사물을 줄 수 있다.

자료 | 영아가 좋아하는 장난감 및 친숙한 물건, 강화제

방법 ❶

- 영아 앞에 좋아하는 장난감을 놓고 교사가 달라고 하면 영아의 손을 잡고 장난감을 교사에게 주는 시범을 보인다.
- 교사가 장난감을 달라고 할 때 영아에게 교사를 모방하여 장난감을 교사에게 주라고 한다.
- 수행되면 교사가 장난감을 달라고 할 때 영아 스스로 주라고 한다.
- 수행되면 영아의 특성에 맞는 적절한 강화제를 제공한다.

방법 ❷

- 교사가 예를 들어 유아(성인)에게 장난감을 달라고 하면 유아(성인)가 장난감을 주는 시범을 보인다.
- 영아에게 유아(성인)를 모방하여 교사에게 장난감을 주라고 한다.
- 모방하지 못하면 교사가 영아의 손을 잡고 장난감을 집어 준다.
- 교사가 장난감을 가리키며 영아에게 장난감을 달라고 한다.
- 교사가 장난감을 주는 동작을 보여 주며 영아에게 장난감을 달라고 한다.
- 도움을 점차 줄여 간다.
- 수행되면 교사가 장난감을 달라고 할 때 영아 스스로 주라고 한다.
- 수행되면 교사가 예를 들어 휴지를 달라고 한다.
- 휴지를 주지 못하면 장난감을 지도한 것과 같은 방법으로 지도한다.
- 수행되면 교사가 장난감과 휴지를 놓고 교사가 요구하는 것을 달라고 할 때 영아

가 줄 수 있는지 확인한다.

- 수행되면 다른 친숙한 물건들도 장난감을 지도한 것과 같은 방법으로 지도한다.
- 수행되면 장난감과 친숙한 물건들의 위치를 다양하게 바꾸어 교사가 요구하는 것을 달라고 할 때 영아가 줄 수 있는지 확인한다.
- 수행되면 영아의 특성에 맞는 적절한 강화제를 제공한다.

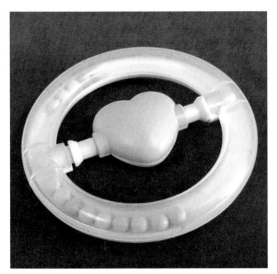

18 한 가지 지시 따르기

목표 | 한 가지 지시를 따를 수 있다.

자료 | 식탁, 컵, 과자 등, 강화제

방법 ❶

- 교사가 예를 들어 식탁 위에 컵을 놓으라고 한 후 식탁 위에 컵을 놓는 시범을 보인다.
- 교사가 식탁 위에 컵을 놓으라고 하면 영아가 교사를 모방하여 식탁 위에 컵을 놓아 보라고 한다.
- 수행되면 교사가 식탁 위에 컵을 놓으라고 할 때 영아 스스로 식탁 위에 컵을 놓아 보라고 한다.
- 수행되면 영아의 특성에 맞는 적절한 강화제를 제공한다.

방법 ❷

- 교사가 예를 들어 식탁 위에 컵을 놓으라고 한 후 식탁 위에 컵을 놓는 시범을 보인다.
- 교사가 식탁 위에 컵을 놓으라고 하면 영아가 교사를 모방하여 식탁 위에 컵을 놓아 보라고 한다.
- 모방하지 못하면 교사가 영아의 손을 잡고 식탁 위에 컵을 놓아 준다.
- 교사가 식탁을 가리키며 영아에게 식탁 위에 컵을 놓아 보라고 한다.
- 도움을 점차 줄여 간다.
- 수행되면 교사가 식탁 위에 컵을 놓으라고 할 때 영아 스스로 식탁 위에 컵을 놓아 보라고 한다.
- 수행되면 영아의 특성에 맞는 적절한 강화제를 제공한다.

☞ 영아가 이미 알고 있는 사물을 가지고 한 가지 지시에 따를 수 있도록 지도하고, 예를 들어 동화책을 책상에 놓으라고 하는 등 다른 한 가지 지시들도 위와 같은 방법으로 지도하면 된다.

19 "멈춰." "가." 지시 따르기 1~2세

목표 | "멈춰."와 "가." 지시를 따를 수 있다.

자료 | 강화제

방법 ❶

- 교사가 걷다가 "멈춰."라고 하면 멈추고, "가."라고 하면 걸어가는 시범을 보인다.
- 교사가 영아에게 "멈춰." / "가."라고 지시를 하면 영아가 교사를 모방하여 지시에 따르라고 한다.
- 수행되면 교사가 "멈춰." / "가."라고 지시를 할 때 영아 스스로 지시에 따르라고 한다.
- 수행되면 영아의 특성에 맞는 적절한 강화제를 제공한다.

방법 ❷

- 교사가 걷다가 "즐~겁게 ♬ 걸~어가다가 ♬ 그대로 멈춰라 ♬"라고 하면 멈추고, "즐~겁게 ♬ 그대로 걸~어가."라고 하면 걸어가는 시범을 보인다.
- 교사가 영아에게 "멈춰." / "가."라고 지시를 하면 영아가 교사를 모방하여 지시에 따르라고 한다.
- 모방하지 못하면 교사가 영아의 손을 잡고 "즐~겁게 ♬ 걸~어가다가 ♬ 그대로 멈춰라 ♬"라고 하면 멈추고, "즐~겁게 ♬ 그대로 걸~어가 ♬"라고 하면 걸어간다.
- 교사가 영아와 같이 걸어가다가 "즐~겁게 ♬ 걸~어가다가 ♬ 그대로 멈춰라 ♬"

라고 하면 교사가 멈춘 후 영아에게도 교사를 모방하여 멈추라고 하고, "즐~겁게
♬ 그대로 걸~어가 ♬"라고 하면 교사가 걸어가면서 영아에게도 교사를 모방하
여 걸어가라고 한다.

- 도움을 점차 줄여 간다.
- 수행되면 교사가 "멈춰." / "가."라고 지시를 할 때 영아 스스로 지시에 따르라고
  한다.
- 수행되면 영아의 특성에 맞는 적절한 강화제를 제공한다.

방법 ❸

- 교사가 걸어가다가 "즐~겁게 ♬ 걸~어가다가 ♬ 그대로 멈춰라 ♬"라고 한 후
  30초 정도 멈추는 시범을 보인다.
- 교사가 영아와 걷다가 "멈춰."라고 한 후 멈추면서 영아에게 교사를 모방하여 멈
  추라고 한다.
- 멈추지 못하면 교사가 영아의 손을 잡고 같이 걷다가 "즐~겁게 ♬ 걸~어가다가
  ♬ 그대로 멈춰라 ♬"라고 한 후 30초 정도 멈추어 준다.
- 교사가 영아와 걷다가 "즐~겁게 ♬ 걸~어가다가 ♬ 그대로 멈춰라 ♬"라고 한
  후 교사가 멈추고, 손으로 멈추라는 동작을 보여 주며 영아에게도 멈추라고 한다.
- 수행되면 교사가 영아와 걷다가 "즐~겁게 ♬ 걸~어가다가 ♬ 그대로 멈춰라 ♬"
  라고 한 후 교사가 멈추고, 영아에게도 멈추라고 한다.
- 도움을 점차 줄여 간다.
- 수행되면 교사가 영아와 걷다가 "즐~겁게 ♬ 걸~어가다가 ♬ 그대로 멈춰라 ♬"
  라고 하면 영아 스스로 멈추라고 한다.
- 수행되면 교사가 제자리에 서 있다가 "즐~겁게 ♬ 그대로 ♬ 걸~어가 ♬"라고
  한 후 30초 정도 걸어가는 시범을 보인다.
- 교사와 영아가 제자리에 서 있다가 "걸어가."라고 지시한 후 걸어가면서 영아에게
  교사를 모방하여 걸어가라고 한다.

- 걸어가지 못하면 교사와 영아가 제자리에 서 있다가 "즐~겁게 ♬ 그대로 ♬ 걸~어가 ♬"라고 한 후 교사가 영아의 손을 잡고 30초 정도 같이 걸어가 준다.
- 교사와 영아가 제자리에 서 있다가 "즐~겁게 ♬ 그대로 걸~어가 ♬"라고 한 후 교사가 걸어가면서 손으로 걸어가라는 동작을 보여 주며 영아에게도 걸어가라고 한다.
- 수행되면 교사와 영아가 제자리에 서 있다가 "즐~겁게 ♬ 그대로 ♬ 걸~어가 ♬"라고 한 후 교사가 걸어가고, 영아에게도 걸어가라고 한다.
- 도움을 점차 줄여 간다.
- 수행되면 교사와 영아가 제자리에 서 있다가 "즐~겁게 ♬ 그대로 ♬ 걸~어가 ♬"라고 하면 영아 스스로 걸어가라고 한다.
- 수행되면 교사가 걷다가 "즐~겁게 ♬ 걸~어가다가 ♬ 그대로 멈춰라 ♬"라고 하면 멈추고, "즐~겁게 ♬ 그대로 걸~어가 ♬"라고 하면 걸어가는 시범을 보인다.
- 교사가 영아에게 "멈춰." / "가."라고 지시를 하면 영아가 교사를 모방하여 지시에 따르라고 한다.
- 수행되면 교사가 "멈춰." / "가."라고 지시를 할 때 영아 스스로 지시에 따르라고 한다.
- 수행되면 영아의 특성에 맞는 적절한 강화제를 제공한다.

☞ "즐겁게 춤을 추다가 그대로 멈춰라" 노래를 개사하여 각 단계마다 적절하게 "즐~겁게 ♬ 걸~어가다가 ♬ 그대로 멈춰라 ♬"라고 노래 부르면서 놀이처럼 지도하도록 한다.

☞ 30초 정도 멈추어 있는 동안, 혹은 걸어가는 동안 적절하게 칭찬하거나 강화제를 주면 효과적이다.

1~2
세

20 친숙한 동물 그림 가리키기 1~2세

목표 │ 친숙한 동물 그림을 가리킬 수 있다.
자료 │ 영아에게 친숙한 동물 모형 및 그림, 강화제

방법 ❶

- 교사가 예를 들어 고양이, 강아지, 토끼 모형의 이름을 말하면서 "○○는 ♬ 어디 있나? ♬ 여~기 ♬"라고 노래 부르며 각 동물을 가리키는 시범을 보인다.
- 교사가 각 동물의 이름을 말해 줄 때 영아에게 교사를 모방하여 동물을 가리켜 보라고 한다.
- 수행되면 교사가 각 동물의 이름을 말해 줄 때 영아 스스로 가리켜 보라고 한다.
- 수행되면 교사가 각 동물의 위치를 다양하게 바꾸어 놓은 후 이름을 말해 줄 때 영아 스스로 각각 가리켜 보라고 한다.
- 수행되면 영아의 특성에 맞는 적절한 강화제를 제공한다.

방법 ❷

- 교사가 예를 들어 고양이, 강아지, 토끼 모형의 이름을 말하면서 "○○는 ♬ 어디 있나? ♬ 여~기 ♬"라고 노래 부르며 각 동물을 가리키는 시범을 보인다.
- 교사가 각 동물의 이름을 말해 줄 때 영아에게 교사를 모방하여 동물을 가리켜 보라고 한다.
- 모방하지 못하면 교사가 예를 들어 "강아지."라고 말해 준 후 "강아지는 ♬ 어디 있나? ♬ 여~기 ♬"라고 노래 부르며 "강아지."를 가리키는 시범을 보인다.
- 교사가 "강아지."라고 말해 준 후 영아에게 교사를 모방하여 '강아지'를 가리켜 보라고 한다.
- 모방하지 못하면 교사가 영아의 손을 잡고 '강아지'를 가리켜 준다.

- 교사가 '강아지'를 가리키며 영아에게 '강아지'를 가리켜 보라고 한다.
- 도움을 점차 줄여 간다.
- 수행되면 영아 스스로 '강아지'를 가리켜 보라고 한다.
- 수행되면 교사가 예를 들어 '강아지'와 '고양이'를 놓고 영아에게 '강아지'를 가리켜 보라고 한다.
- 수행되면 교사가 "고양이는 ♬ 어디 있나? ♬ 여~기 ♬"라고 노래 부르며 '고양이'를 가리키는 시범을 보인다.
- 교사가 "고양이."라고 말해 준 후 영아에게 교사를 모방하여 '고양이'를 가리켜 보라고 한다.
- 모방하지 못하면 교사가 영아의 손을 잡고 '고양이'를 가리켜 준다.
- 교사가 '고양이'를 가리키며 영아에게 '고양이'를 가리켜 보라고 한다.
- 도움을 점차 줄여 간다.
- 수행되면 영아 스스로 '고양이'를 가리켜 보라고 한다.
- 수행되면 교사가 '강아지'와 '고양이'를 놓고 각각의 이름을 말해 줄 때 영아 스스로 가리켜 보라고 한다.
- 수행되면 교사가 '강아지'와 '고양이'의 위치를 바꾸어 놓고 각각의 이름을 말해 줄 때 영아 스스로 가리켜 보라고 한다.
- 수행되면 다른 동물들도 같은 방법으로 지도한다.
- 수행되면 교사가 각 동물의 위치를 다양하게 바꾸어 놓은 후 이름을 말해 줄 때 영아 스스로 각각 가리켜 보라고 한다.
- 수행되면 영아의 특성에 맞는 적절한 강화제를 제공한다.

☞ '강아지'와 '고양이'를 지도한 후, 예를 들어 '토끼'를 지도할 경우 수행되면 '강아지'와 '고양이' '토끼'의 위치를 다양하게 바꾸어 확인해야 하며, 동물을 추가할 때마다 위치를 바꾸어 교사의 지시대로 가리킬 수 있는지 확인해야 한다.

☞ 동물 모형으로 지도한 후 그림으로 확인해 보면 된다.

1~2
세

21 세 개의 장난감 가리키기 〔1~2세〕

목표 | 세 개의 장난감을 가리킬 수 있다.

자료 | 영아에게 친숙한 장난감 세 개, 강화제

방법 ❶

- 교사가 영아에게 친숙한 장난감 세 개를 놓고 각각의 이름을 말하면서 "○○는 ♫ 어디 있나? ♫ 여~기 ♫"라고 노래 부르며 각 장난감을 가리키는 시범을 보인다.
- 교사가 각 장난감의 이름을 말해 줄 때 영아에게 교사를 모방하여 장난감을 가리켜 보라고 한다.
- 수행되면 교사가 각 장난감의 이름을 말해 줄 때 영아 스스로 가리켜 보라고 한다.
- 수행되면 교사가 각 장난감의 위치를 다양하게 바꾸어 놓은 후 이름을 말해 줄 때 영아 스스로 각각 가리켜 보라고 한다.
- 수행되면 영아의 특성에 맞는 적절한 강화제를 제공한다.

방법 ❷

- 교사가 영아에게 친숙한 장난감 세 개를 놓고 각각의 이름을 말하면서 "○○는 ♫ 어디 있나? ♫ 여~기 ♫"라고 노래 부르며 각 장난감을 가리키는 시범을 보인다.
- 교사가 각 장난감의 이름을 말해 줄 때 영아에게 교사를 모방하여 장난감을 가리켜 보라고 한다.
- 모방하지 못하면 교사가 예를 들어 "자동차."라고 말해 준 후 "자동차는 ♫ 어디 있나? ♫ 여~기 ♫"라고 노래 부르며 '자동차'를 가리키는 시범을 보인다.
- 교사가 "자동차."라고 말해 준 후 영아에게 교사를 모방하여 '자동차'를 가리켜 보라고 한다.
- 모방하지 못하면 교사가 영아의 손을 잡고 '자동차'를 가리켜 준다.

- 교사가 '자동차'를 가리키며 영아에게 '자동차'를 가리켜 보라고 한다.
- 도움을 점차 줄여 간다.
- 수행되면 영아 스스로 '자동차'를 가리켜 보라고 한다.
- 수행되면 교사가 예를 들어 '자동차'와 '딸랑이'를 놓고 영아에게 '자동차'를 가리켜 보라고 한다.
- 수행되면 교사가 예를 들어 "딸랑이는 ♬ 어디 있나? ♬ 여~기 ♬"라고 노래 부르며 '딸랑이'를 가리키는 시범을 보인다.
- 교사가 "딸랑이."라고 말해 준 후 영아에게 교사를 모방하여 '딸랑이'를 가리켜 보라고 한다.
- 모방하지 못하면 교사가 영아의 손을 잡고 '딸랑이'를 가리켜 준다.
- 교사가 '딸랑이'를 가리키며 영아에게 '딸랑이'를 가리켜 보라고 한다.
- 도움을 점차 줄여 간다.
- 수행되면 영아 스스로 '딸랑이'를 가리켜 보라고 한다.
- 수행되면 교사가 '자동차'와 '딸랑이'를 놓고 각각의 이름을 말해 줄 때 영아 스스로 가리켜 보라고 한다.
- 수행되면 교사가 '자동차'와 '딸랑이'의 위치를 바꾸어 놓고 각각의 이름을 말해 줄 때 영아 스스로 가리켜 보라고 한다.
- 수행되면 교사가 예를 들어 "공은 ♬ 어디 있나? ♬ 여~기 ♬"라고 노래 부르며 '공'을 가리키는 시범을 보인다.
- 교사가 "공."이라고 말해 준 후 영아에게 교사를 모방하여 '공'을 가리켜 보라고 한다.
- 모방하지 못하면 '딸랑이'를 지도한 것과 같은 방법으로 지도한다.
- 수행되면 교사가 각 장난감의 위치를 다양하게 바꾸어 놓은 후 이름을 말해 줄 때 영아 스스로 각각 가리켜 보라고 한다.
- 수행되면 영아의 특성에 맞는 적절한 강화제를 제공한다.

☞ 가리키는 것을 어려워하는 영아는 가리키는 대신 교사가 말하는 장난감을 집어 주는 방법으로 지도할 수 있다.

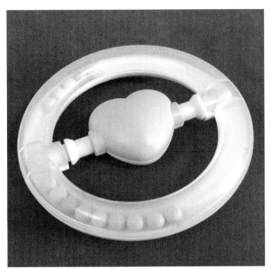

22 "있다." "없다." 가리키기 1~2세

목표 | "있다."와 "없다."를 가리킬 수 있다.

자료 | 과자, 접시 두 개, 컵 두 개, 우유(주스), 블록, 강화제

방법 ❶

- 교사가 "과자가 있어요."라고 말하면서 과자가 놓여 있는 접시를 가리키고, "과자가 없어요"라고 말하면서 빈 접시를 가리키는 시범을 보인다.
- 교사가 과자가 있는 접시와 없는 접시를 가리킬 때 영아도 교사를 모방하여 각각 가리켜 보라고 한다.
- 수행되면 교사가 과자가 있는 접시와 없는 접시를 가리켜 보라고 할 때 영아 스스로 각각의 접시를 가리켜 보라고 한다.
- 수행되면 영아의 특성에 맞는 적절한 강화제를 제공한다.

방법 ❷

- 교사가 과자가 있는 접시와 없는 접시를 놓고 "과자는 ♬ 어디 있나? ♬ 맞~춰 봐요 ♬ 맞~춰 봐요 ♬"라고 노래 부르며 과자가 있는 접시를 가리키는 시범을 보인다.
- 영아에게 교사를 모방하여 과자가 있는 접시를 가리켜 보라고 한다.
- 모방하지 못하면 교사가 영아의 손을 잡고 과자가 있는 접시를 가리켜 준다.
- 교사가 과자가 있는 접시를 가리키며 영아에게 가리켜 보라고 한다.
- 도움을 점차 줄여 간다.
- 수행되면 영아 스스로 과자가 있는 접시를 가리켜 보라고 한다.
- 수행되면 교사가 과자가 있는 접시와 없는 접시를 놓고 "과자는 ♬ 어디 갔나? ♬ 맞~춰 봐요 ♬ 맞~춰 봐요 ♬"라고 노래 부르며 과자가 없는 접시를 가리키는

시범을 보인다.

- 영아에게 교사를 모방하여 과자가 없는 접시를 가리켜 보라고 한다.
- 모방하지 못하면 교사가 영아의 손을 잡고 과자가 없는 접시를 가리켜 준다.
- 교사가 과자가 없는 접시를 가리키며 영아에게 가리켜 보라고 한다.
- 도움을 점차 줄여 간다.
- 수행되면 영아 스스로 과자가 없는 접시를 가리켜 보라고 한다.
- 수행되면 교사가 과자가 있는 접시와 없는 접시를 가리켜 보라고 할 때 영아 스스로 각각의 접시를 가리켜 보라고 한다.
- 수행되면 두 접시의 위치를 바꾸어 놓고 교사가 과자가 있는 접시와 없는 접시를 가리켜 보라고 할 때 영아 스스로 각각의 접시를 가리켜 보라고 한다.
- 수행되면 영아의 특성에 맞는 적절한 강화제를 제공한다.

방법 ❸

- 교사가 과자가 있는 접시와 없는 접시를 놓고 "과자는 ♪ 어디 있나? ♪ 맞~춰 봐요 ♪ 맞~춰 봐요 ♪"라고 노래 부르며 과자가 있는 접시를 가리키고, "과자는 ♪ 어디 갔나? ♪ 맞~춰 봐요 ♪ 맞~춰 봐요 ♪"라고 노래 부르며 과자가 없는 접시를 가리키는 시범을 보인다.
- 교사가 과자가 있는 접시와 없는 접시를 가리킬 때 영아도 교사를 모방하여 각각 가리키게 한다.
- 가리키지 못하면 교사가 과자가 있는 접시를 가리키며 "과자가 있어요."라고 말한 후 영아의 손을 잡고 가리켜 준다.
- 교사가 과자가 있는 접시를 가리키며 "과자가 있어요."라고 말한 후 영아에게 과자가 있는 접시를 가리켜 보라고 한다.
- 도움을 점차 줄여 간다.
- 영아에게 과자가 있는 접시를 스스로 가리켜 보라고 한다.
- 수행되면 교사가 과자가 없는 접시를 가리키며 "과자가 없어요."라고 말한 후 영

아에게 가리켜 보라고 한다.

- 가리키지 못하면 같은 방법으로 지도한다.
- 수행되면 과자가 있는 접시와 빈 접시를 놓고 교사가 "과자가 있어요."와 "과자가 없어요."를 말해 줄 때 영아 스스로 가리키게 한다.
- 수행되면 교사가 과자가 있는 접시와 없는 접시를 가리켜 보라고 할 때 영아 스스로 각각의 접시를 가리켜 보라고 한다.
- 수행되면 두 접시의 위치를 바꾸어 놓고 교사가 과자가 있는 접시와 없는 접시를 가리켜 보라고 할 때 영아 스스로 각각의 접시를 가리켜 보라고 한다.
- 수행되면 영아의 특성에 맞는 적절한 강화제를 제공한다.

☞ 빈 잔에 우유를 부어 준 후 "우유가 있어요."라고 말해 주고 영아가 우유를 마신 후 "우유가 없어요."라고 말해 주거나, 영아에게 블록을 보여 주며 "있어요."라고 말한 후 블록을 교사 등 뒤로 감추며 "없어요."라고 하거나, 영아와 장난감을 가지고 놀다가 감춘 후 "없어요."라고 하는 등 일상생활 속에서 자연스럽게 "있어요."와 "없어요."의 개념을 이해할 수 있도록 지도하면 습득이 빠르다.

23 요구하는 물건 가져오기　　1~2세

목표 | 요구하는 물건을 가져올 수 있다.
자료 | 친숙한 물건 세 쌍(예: 컵, 휴지, 신발), 강화제

방법 ❶

- 친숙한 물건 세 쌍을 영아에게 보여 준다.
- 영아가 잘 보이는 곳에 물건 세 개를 흩어 놓은 후 각 물건이 있는 위치를 영아에게 알려 준다.

- 교사가 요구하는 물건(예: 휴지)을 보여 준 후 '휴지'를 찾아서 가져다주는 시범을 보인다.
- 영아에게 교사를 모방하여 교사가 요구하는 물건(예: 휴지)을 찾아서 가져오라고 한다.
- 수행되면 영아 스스로 교사가 요구하는 물건(예: 휴지)을 찾아서 가져오라고 한다.
- 교사가 요구하는 다른 물건들도 같은 방법으로 지도한다.
- 수행되면 영아의 특성에 맞는 적절한 강화제를 제공한다.

방법 ❷

- 친숙한 물건 세 쌍을 영아에게 보여 준다.
- 영아가 잘 보이는 곳에 물건 세 개를 흩어 놓은 후 각 물건이 있는 위치를 영아에게 알려 준다
- 교사가 예를 들어 '휴지'를 가져오라고 하면 '휴지'를 찾아서 가져다주는 시범을 보인다.
- 영아에게 교사를 모방하여 '휴지'를 찾아서 가져오라고 한다.
- 모방하지 못하면 교사가 영아의 손을 잡고 '휴지'를 찾아서 가져온다.
- 교사가 '휴지' 있는 곳을 가리키며 영아에게 '휴지'를 찾아서 가져오라고 한다.
- 교사가 '휴지'를 보여 주며 영아에게 '휴지'를 찾아서 가져오라고 한다.
- 도움을 점차 줄여 간다.
- 수행되면 영아 스스로 '휴지'를 찾아서 가져오라고 한다.
- 수행되면 다른 물건들도 '휴지'를 지도한 것과 같은 방법으로 지도한다.
- 수행되면 영아의 특성에 맞는 적절한 강화제를 제공한다.

24 **엄마 · 아빠 목소리 듣고 사진 가리키기** 1~2세

목표 | 엄마 · 아빠 목소리를 듣고 사진을 가리킬 수 있다.

자료 | 엄마 · 아빠 목소리가 녹음된 CD, 카세트, 강화제

1~2세

방법 ❶

- 교사가 엄마 · 아빠의 사진을 놓고 녹음된 영아의 엄마 목소리를 들려준 후 '엄마' 사진을 가리키고, 아빠 목소리를 들려준 후 '아빠' 사진을 가리키는 시범을 보인다.
- 영아에게 엄마 · 아빠의 목소리를 들려준 후 교사를 모방하여 '엄마'와 '아빠'의 사진을 가리켜 보라고 한다.
- 수행되면 교사가 녹음된 엄마 · 아빠의 목소리를 들려준 후 영아 스스로 '엄마'와 '아빠'의 사진을 가리켜 보라고 한다.
- 수행되면 영아의 특성에 맞는 적절한 강화제를 제공한다.

방법 ❷

- 교사가 엄마 · 아빠의 사진을 놓고 녹음된 영아의 엄마 목소리를 들려준 후 "엄마는 ♬ 어디 있나? ♬ 맞~춰 봐요 ♬ 맞~춰 봐요 ♬"라고 노래 부르며 '엄마'의 사진을 가리키는 시범을 보인다.
- 영아에게 교사를 모방하여 '엄마'의 사진을 가리켜 보라고 한다.
- 가리키지 못하면 교사가 영아의 손을 잡고 '엄마'의 사진을 가리켜 준다.
- 교사가 눈짓으로 '엄마'의 사진을 가리켜 준 후 영아에게 '엄마'의 사진을 가리켜 보라고 한다.
- 도움을 점차 줄여 간다.
- 수행되면 영아 스스로 '엄마'의 사진을 가리켜 보라고 한다.

- 수행되면 교사가 엄마·아빠의 사진을 놓고 녹음된 영아의 아빠 목소리를 들려준 후 "아빠는 ♬ 어디 있나? ♬ 맞~춰 봐요 ♬ 맞~춰 봐요 ♬"라고 노래 부르며 '아빠'의 사진을 가리키는 시범을 보인다.
- 영아에게 교사를 모방하여 '아빠'의 사진을 가리켜 보라고 한다.
- 가리키지 못하면 교사가 영아의 손을 잡고 '아빠'의 사진을 가리켜 준다.
- 교사가 눈짓으로 '아빠'의 사진을 가리켜 준 후 영아에게 '아빠'의 사진을 가리켜 보라고 한다.
- 도움을 점차 줄여 간다.
- 수행되면 영아 스스로 '아빠'의 사진을 가리켜 보라고 한다.
- 수행되면 교사가 녹음된 엄마·아빠의 목소리를 들려준 후 영아 스스로 '엄마'와 '아빠'의 사진을 가리켜 보라고 한다.
- 수행되면 영아의 특성에 맞는 적절한 강화제를 제공한다.

25 친숙한 음식 가리키기

목표 | 친숙한 음식을 가리킬 수 있다.

자료 | 영아에게 친숙한 음식의 실물과 그림, 음식물 스티커, 하드보드지, 강화제

방법 ❶

- 교사가 각 음식의 이름을 말하면서 "○○는 ♬ 어디 있나? ♬ 여~기 ♬"라고 노래 부르며 각 음식을 가리키는 시범을 보인다.
- 교사가 각 음식의 이름을 말해 줄 때 영아에게 교사를 모방하여 각 음식을 가리켜 보라고 한다.
- 수행되면 교사가 각 음식의 이름을 말해 줄 때 영아 스스로 가리켜 보라고 한다.
- 수행되면 교사가 각 음식의 위치를 다양하게 바꾸어 놓은 후 이름을 말해 줄 때 영 아 스스로 각각 가리켜 보라고 한다.
- 수행되면 영아의 특성에 맞는 적절한 강화제를 제공한다.

방법 ❷

- 교사가 각 음식의 이름을 말하면서 "○○는 ♬ 어디 있나? ♬ 여~기 ♬"라고 노래 부르며 각 음식을 가리키는 시범을 보인다.

- 교사가 각 음식의 이름을 말해 줄 때 영아에게 교사를 모방하여 각 음식을 가리켜 보라고 한다.
- 모방하지 못하면 교사가 예를 들어 "과자는 ♬ 어디 있나 ♬ 여~기 ♬"라고 노래 부르며 과자를 가리키는 시범을 보인다.
- 교사가 "과자."라고 말해 준 후 영아에게 교사를 모방하여 '과자'를 가리켜 보라고 한다.
- 모방하지 못하면 교사가 영아의 손을 잡고 '과자'를 가리켜 준다.
- 교사가 '과자'를 가리키며 영아에게 가리켜 보라고 한다.
- 도움을 점차 줄여 간다.
- 수행되면 영아 스스로 '과자'를 가리켜 보라고 한다.
- 수행되면 교사가 예를 들어 '과자'와 '우유'를 놓고 영아에게 '과자'를 가리켜 보라고 한다.
- 수행되면 교사가 "우유는 ♬ 어디 있나? ♬ 여~기 ♬"라고 노래 부르며 '우유'를 가리키는 시범을 보인다.
- 교사가 "우유."라고 말해 준 후 영아에게 교사를 모방하여 '우유'를 가리켜 보라고 한다.
- 모방하지 못하면 교사가 영아의 손을 잡고 '우유'를 가리켜 준다.
- 교사가 '우유'를 가리키며 영아에게 가리켜 보라고 한다.
- 도움을 점차 줄여 간다.
- 수행되면 영아 스스로 '우유'를 가리켜 보라고 한다.
- 수행되면 교사가 '과자'와 '우유'를 놓고 각각의 이름을 말해 줄 때 영아 스스로 가리켜 보라고 한다.
- 수행되면 교사가 '과자'와 '우유'의 위치를 바꾸어 놓고 각각의 이름을 말해 줄 때 영아 스스로 가리켜 보라고 한다.
- 수행되면 교사가 예를 들어 "밥은 ♬ 어디 있나? ♬ 여~기 ♬"라고 노래 부르며 '밥'을 가리키는 시범을 보인다.

- 교사가 "밥."이라고 말해 준 후 영아에게 교사를 모방하여 '밥'을 가리켜 보라고 한다.
- 모방하지 못하면 '우유'를 가리킨 것과 같은 방법으로 지도한다.
- 수행되면 다른 친숙한 음식도 같은 방법으로 지도한다.
- 수행되면 교사가 각 음식의 위치를 다양하게 바꾸어 놓은 후 이름을 말해 줄 때 영아 스스로 각각 가리켜 보라고 한다.
- 수행되면 영아의 특성에 맞는 적절한 강화제를 제공한다.

방법 ❸

- 교사가 예를 들어 "우유는 ♬ 어디 있나 ♬ 여~기 ♬"라고 노래 부르며 하드보드지에 '우유' 스티커(60쪽 음식물 스티커 제작 방법 참조)를 붙이는 시범을 보인다.
- 영아에게 교사를 모방하여 '우유' 스티커를 붙여 보라고 한다.
- 모방하지 못하면 교사가 영아의 손을 잡고 '우유' 스티커를 붙여 준다.
- 교사가 '우유' 스티커를 가리키며 영아에게 '우유' 스티커를 붙여 보라고 한다.
- 도움을 점차 줄여 간다.
- 수행되면 영아 스스로 '우유' 스티커를 붙여 보라고 한다.
- 수행되면 교사가 "빵은 ♬ 어디 있나? ♬ 여~기 ♬"라고 노래 부르며 '빵' 스티커를 붙이는 시범을 보인다.
- 영아에게 교사를 모방하여 '빵' 스티커를 붙여 보라고 한다.
- 모방하지 못하면 교사가 영아의 손을 잡고 '빵' 스티커를 붙여 준다.
- 교사가 '빵' 스티커를 가리키며 영아에게 붙여 보라고 한다.
- 도움을 점차 줄여 간다.
- 수행되면 영아 스스로 '빵' 스티커를 붙여 보라고 한다.
- 수행되면 '우유'와 '빵' 스티커를 영아에게 제시한 후 교사가 각각의 이름을 말해 줄 때 영아 스스로 붙여 보라고 한다.
- 수행되면 교사가 "라면은 ♬ 어디 있나? ♬ 여~기 ♬"라고 노래 부르며 '라면' 스티커를 붙이는 시범을 보인다.

2~3
세

- 영아에게 교사를 모방하여 '라면' 스티커를 붙여 보라고 한다.
- 모방하지 못하면 '빵' 스티커를 붙이는 것과 같은 방법으로 지도한다.
- 수행되면 다른 친숙한 음식도 같은 방법으로 지도한다.
- 수행되면 교사가 영아에게 친숙한 음식물 스티커를 제시한 후 교사가 각각의 이름을 말해 줄 때 영아 스스로 붙여 보라고 한다.
- 수행되면 영아의 특성에 맞는 적절한 강화제를 제공한다.

☞ '과자' '우유' '밥'을 지도한 후 수행되면 '과자' '우유' '밥'의 위치를 다양하게 바꾸어 확인해야 하며, 음식을 추가할 때마다 위치를 다양하게 바꾸어 가리킬 수 있는지 확인해야 한다.

☞ 음식 스티커를 제작하여 하드보드지에 붙이게 하면 영아가 무척 흥미로워한다. 제작 방법은 다음 음식 사진을 복사하거나 인터넷에서 영아에게 친숙한 그림을 출력하거나 도화지에 친숙한 음식 그림을 그려서 색칠하여 오린 후 뒷면에 양면테이프(양면테이프는 영아가 사용 시 교사가 떼 주어야 함)를 붙이거나, 일반 테이프를 붙여 사용하면 된다. 하드보드지는 문방구에서 쉽게 구입할 수 있다.

☞ 실제 음식으로 지도한 후 그림으로 확인하는 것이 효과적이다.

26 관련된 두 가지 지시 따르기 2~3세

목표 | 관련된 두 가지 지시를 따를 수 있다.
자료 | 영아에게 친숙한 물건이나 음식 등, 강화제

방법 ❶

- 교사가 예를 들어 "신발을 벗어 신발장에 넣어요."라고 한 후 신발을 벗어 신발장에 넣는 시범을 보인다.
- 교사가 신발을 벗어 신발장에 넣으라고 하면 영아가 교사를 모방하여 신발을 벗어 신발장에 넣게 한다.
- 수행되면 교사가 "신발을 벗어 신발장에 넣어요."라고 하면 영아 스스로 신발을 벗어 신발장에 넣게 한다.
- 수행되면 다른 관련된 두 가지 지시도 같은 방법으로 지도한 후 지시를 따를 수 있는지 확인한다.
- 수행되면 영아의 특성에 맞는 적절한 강화제를 제공한다.

방법 ❷

- 교사가 "신발을 벗어요."라고 한 후 "신발을 ♬ 벗~어 봐요 ♬ ♬ 벗~어 봐요 ♬"라고 노래를 부르며 신발을 벗는 시범을 보인다.
- 영아에게 교사를 모방하여 신발을 벗어 보라고 한다.
- 모방하지 못하면 교사가 영아의 손을 잡고 신발을 벗겨 준다.
- 교사가 신발을 가리키며 영아에게 신발을 벗어 보라고 한다.
- 도움을 점차 줄여 간다.
- 수행되면 영아 스스로 신발을 벗어 보라고 한다.
- 수행되면 교사가 "신발을 넣어요."라고 한 후 "신발 집은 ♬ 어디 있나? ♬ 여~기

♬"라고 노래 부르며 신발을 신발장에 넣는 시범을 보인다.

• 영아에게 교사를 모방하여 신발을 신발장에 넣어 보라고 한다.
• 모방하지 못하면 교사가 영아의 손을 잡고 신발을 신발장에 넣어 준다.
• 교사가 신발을 가리키며 영아에게 신발을 신발장에 넣어 보라고 한다.
• 도움을 점차 줄여 간다.
• 수행되면 교사가 "신발을 벗어 신발장에 넣어요."라고 한 후 신발을 벗어 신발장에 넣는 시범을 보인다.
• 교사가 신발을 벗어 신발장에 넣으라고 하면 영아가 교사를 모방하여 신발을 벗어 신발장에 넣게 한다.
• 수행되면 교사가 지시할 때 영아 스스로 신발을 신발장에 넣어 보라고 한다.
• 수행되면 영아의 특성에 맞는 적절한 강화제를 제공한다.

☞ 영아에게 친숙한 물건이나 음식, 즉 영아가 이름을 알고 있는 친숙한 물건이나 음식을 가지고 지도하도록 유념해야 한다.

☞ 수행되면 "우유를 마시고 컵을 식탁에 놓아요." "휴지로 입을 닦고 휴지통에 버려요." "모자를 쓰고 벗어요." 등을 위와 같은 방법으로 지도하도록 한다.

27 친숙한 과일 가리키기 2~3세

목표 | 친숙한 과일을 가리킬 수 있다.
자료 | 친숙한 과일의 실물 및 모형 또는 사진이나 그림카드, 강화제

방법 ❶

• 교사가 각 과일의 이름을 말하면서 "○○는 ♬ 어디 있나? ♬ 여~기 ♬"라고 노래

부르며 각 과일을 가리키는 시범을 보인다.

- 교사가 각 과일의 이름을 말해 줄 때 영아에게 교사를 모방하여 각 과일을 가리켜 보라고 한다.
- 수행되면 교사가 각 과일의 이름을 말해 줄 때 영아 스스로 가리켜 보라고 한다.
- 수행되면 교사가 각 과일의 위치를 다양하게 바꾸어 놓은 후 이름을 말해 줄 때 영아 스스로 각각 가리켜 보라고 한다.
- 수행되면 영아의 특성에 맞는 적절한 강화제를 제공한다.

방법 ❷

- 교사가 예를 들어 '바나나'와 '사과'를 놓고 "바나나는 ♬ 어디 있나 ♬ 여~기 ♬"라고 노래 부르며 '바나나'를 가리키는 시범을 보인다.
- 영아에게 교사를 모방하여 '바나나'를 가리켜 보라고 한다.
- 모방하지 못하면 교사가 영아의 손을 잡고 '바나나'를 가리켜 준다.
- 교사가 '바나나'를 가리키며 영아에게 가리켜 보라고 한다.
- 교사가 '바나나'를 까는 동작을 보여 주며 영아에게 가리켜 보라고 한다.
- 도움을 점차 줄여 간다.
- 수행되면 영아 스스로 '바나나'를 가리켜 보라고 한다.
- 수행되면 '바나나'와 '사과'의 위치를 바꾸어 놓고 '바나나'를 가리켜 보라고 한다.
- 수행되면 교사가 예를 들어 "사과는 ♬ 어디 있나 ♬ 여~기 ♬"라고 노래 부르며 '사과'를 가리키는 시범을 보인다.
- 영아에게 교사를 모방하여 '사과'를 가리켜 보라고 한다.
- 모방하지 못하면 교사가 영아의 손을 잡고 '사과'를 가리켜 준다.
- 교사가 '사과'를 가리키며 영아에게 가리켜 보라고 한다.
- 도움을 점차 줄여 간다.
- 수행되면 영아 스스로 '사과'를 가리켜 보라고 한다.
- 수행되면 '바나나' '사과' '딸기'를 놓고 영아에게 '바나나'와 '사과'를 가리켜 보

라고 한다.

- 수행되면 딸기도 같은 방법으로 지도한다.
- 수행되면 '바나나' '사과' '딸기'의 위치를 다양하게 바꾸어 놓고 각 과일을 가리켜 보라고 한다.
- 수행되면 나머지 과일들도 같은 방법으로 지도한다.
- 수행되면 영아의 특성에 맞는 적절한 강화제를 제공한다.

☞ 교구로 제작하여 사용하면 편리하고 영아도 흥미로워한다. 하드보드지에 보슬이를 붙인 후 각 과일 그림 뒤에는 까슬이를 붙여, 붙였다 뗐다 할 수 있도록 제작하면 된다. 하드보드지는 문방구에서 쉽게 구입할 수 있다.

2~3
세

여러 가지 동물 그림 가리키기

목표 | 여러 가지 동물을 가리킬 수 있다.

자료 | 여러 가지 동물 모형 또는 그림카드나 사진, 강화제

방법 ❶

- 교사가 각 동물의 이름을 말하면서 "○○는 ♬ 어디 있나? ♬ 여~기 ♬"라고 노래 부르며 각 동물을 가리키는 시범을 보인다.
- 영아에게 교사를 모방하여 각 동물을 가리켜 보라고 한다.
- 수행되면 교사가 각 동물의 이름을 말해 줄 때 영아 스스로 가리켜 보라고 한다.
- 수행되면 교사가 각 동물의 위치를 다양하게 바꾸어 놓은 후 이름을 말해 줄 때 영아 스스로 각각 가리켜 보라고 한다.
- 수행되면 영아의 특성에 맞는 적절한 강화제를 제공한다.

방법 ❷

- 교사가 예를 들어 '호랑이'와 '돼지'를 놓고 "호랑이는 ♬ 어디 있나 ♬ 여~기 ♬"라고 노래 부르며 '호랑이'를 가리키는 시범을 보인다.
- 영아에게 교사를 모방하여 '호랑이'를 가리켜 보라고 한다.
- 모방하지 못하면 교사가 영아의 손을 잡고 '호랑이'를 가리켜 준다.
- 교사가 '호랑이'를 가리키며 영아에게 '호랑이'를 가리켜 보라고 한다.
- 교사가 "어흥." 소리를 내 주며 영아에게 '호랑이'를 가리켜 보라고 한다.
- 도움을 점차 줄여 간다.
- 수행되면 영아 스스로 '호랑이'를 가리켜 보라고 한다.
- 수행되면 '호랑이'와 '돼지'의 위치를 바꾸어 놓고 '호랑이'를 가리켜 보라고 한다.
- 수행되면 교사가 예를 들어 "돼지는 ♬ 어디 있나 ♬ 여~기 ♬"라고 노래 부르며

'돼지'를 가리키는 시범을 보인다.

- 영아에게 교사를 모방하여 '돼지'를 가리켜 보라고 한다.
- 모방하지 못하면 교사가 영아의 손을 잡고 '돼지'를 가리켜 준다.
- 교사가 '돼지'를 가리키며 영아에게 '돼지'를 가리켜 보라고 한다.
- 교사가 "꿀꿀." 소리를 내 주며 영아에게 '돼지'를 가리켜 보라고 한다.
- 도움을 점차 줄여 간다.
- 수행되면 영아 스스로 '돼지'를 가리켜 보라고 한다.
- 수행되면 '호랑이' '돼지' '코끼리'를 놓고 영아에게 '호랑이'와 '돼지'를 가리켜 보라고 한다.
- 수행되면 나머지 동물들도 같은 방법으로 지도한다.
- 수행되면 영아의 특성에 맞는 적절한 강화제를 제공한다.

☞ '호랑이'와 '돼지'를 지도한 후, 예를 들어 '코끼리'를 지도할 경우 수행되면 '호랑이'와 '돼지' '코끼리'의 위치를 다양하게 바꾸어 확인해야 하며, 동물을 추가할 때마다 위치를 바꾸어 가리킬 수 있는지 확인해야 한다.

☞ 예시는 친숙한 동물(예: 호랑이, 돼지)로 지도 방법을 제시했지만 동물 지도 시 수행된 동물과 지도해야 할 동물(예: 호랑이, 강아지) 및 크기가 차이 나는 동물(예: 호랑이, 개구리), 특징이 확연하게 구분되는 동물(예: 호랑이, 기린)을 가지고 위와 같은 방법으로 지도를 하면 좀 더 쉽게 수행이 가능하므로 참고하기 바란다.

☞ 동물 모형은 완구점에서 저렴하게 구입할 수 있으므로 동물 모형으로 지도한 후 그림으로 확인하면 효과적이다.

☞ 제시된 그림을 활용할 경우 영아가 어려워하면 지도 시, 예를 들어 호랑이는 색칠을 해서 제시하고 돼지는 색칠 없이 제시하여 색이 단서가 되어 좀 더 쉽게 수행할 수 있도록 한 다음, 수행

되면 색 없이 제시하여 수행 여부를 확인해도 효과적이다.

☞ 교구로 제작하여 사용하면 편리하고 영아도 흥미로워한다. 하드보드지에 보슬이를 붙인 후 하단에 제시된 각 동물을 복사하여 오려서 각 동물 그림 뒤에는 까슬이를 붙여 제작하면 된다. 지도 시 붙였다 뗐다 할 수 있으므로 위치를 바꾸어 수행 여부를 확인하기가 용이하다. 하드보드지는 문방구에서 쉽게 구입할 수 있다.

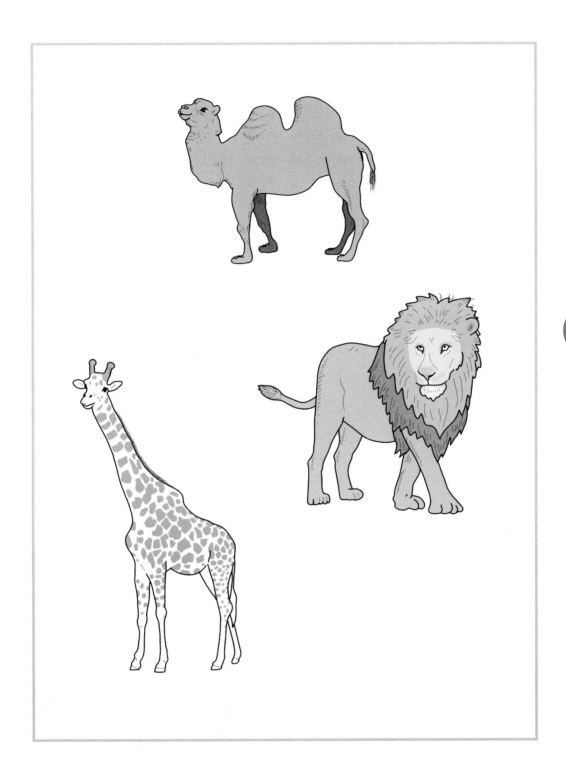

29 "열어요." "닫아요." 지시 따르기 2~3세

목표 | '열어요.'와 '닫아요.' 지시에 따를 수 있다.

자료 | 문, 상자, 우유 팩이 열려 있는 그림과 닫힌 그림 등, 강화제

방법 ❶

- 교사가 영아와 함께 문 앞에 서서 "○○이가 ♬ 문~을 ♬ 열~어라 ♬"라고 노래 부르며 문을 열고, "○○이가 ♬ 문~을 ♬ 닫~아라 ♬"라고 노래 부르며 문을 닫는 시범을 보인다.
- 영아에게 교사를 모방하여 문을 열고 닫아 보라고 한다.
- 수행되면 교사가 문을 열고 닫으라고 할 때 영아 스스로 문을 열고 닫아 보라고 한다.
- 수행되면 영아의 특성에 맞는 적절한 강화제를 제공한다.

방법 ❷

- 교사가 영아와 함께 문 앞에 서서 "○○이가 ♬ 문~을 ♬ 열~어라 ♬"라고 노래 부르며 문을 열고, "○○이가 ♬ 문~을 ♬ 닫~아라 ♬"라고 노래 부르며 문을 닫는 시범을 보인다.
- 영아에게 교사를 모방하여 문을 열고 닫아 보라고 한다.
- 모방하지 못하면 교사가 "○○이가 ♬ 문~을 ♬ 열~어라 ♬"라고 노래 부르며 문을 여는 시범을 보인다.
- 영아에게 교사를 모방하여 문을 열어 보라고 한다.
- 모방하지 못하면 교사가 영아의 손을 잡고 문을 열어 준다.
- 교사가 문을 가리키며 영아에게 열어 보라고 한다.
- 도움을 점차 줄여 간다.
- 수행되면 교사가 "문 열어 보세요."라고 할 때 영아 스스로 문을 열어 보라고 한다.

- 수행되면 교사가 "○○이가 ♬ 문~을 ♬ 닫~아라 ♬"라고 노래 부르며 문을 닫는 시범을 보인다.
- 영아에게 교사를 모방하여 문을 닫아 보라고 한다.
- 모방하지 못하면 교사가 영아의 손을 잡고 문을 닫아 준다.
- 교사가 문을 가리키며 영아에게 문을 닫아 보라고 한다.
- 도움을 점차 줄여 간다.
- 수행되면 교사가 "문 닫아 보세요."라고 할 때 영아 스스로 문을 닫아 보라고 한다.
- 수행되면 교사가 문을 열고 닫으라고 할 때 영아 스스로 문을 열고 닫아 보라고 한다.
- 수행되면 영아의 특성에 맞는 적절한 강화제를 제공한다.

방법 ❸

2~3
세

- 교사가 "문이 열려 있어요."라고 말하며 문이 열려 있는 그림을 가리키고, "문이 닫혀 있어요."라고 말하며 문이 닫혀 있는 그림을 가리키는 시범을 보인다.
- 교사가 각 그림을 말해 줄 때 영아에게 교사를 모방하여 문이 열려 있는 그림과 닫혀 있는 그림을 가리켜 보라고 한다.
- 모방하지 못하면 교사가 "문이 열려 있어요."라고 말하며 문이 열려 있는 그림을 가리키는 시범을 보인다.
- 영아에게 교사를 모방하여 문이 열려 있는 그림을 가리켜 보라고 한다.
- 가리키지 못하면 교사가 영아의 손을 잡고 문이 열려 있는 그림을 가리켜 준다.
- 교사가 문이 열려 있는 그림을 가리키며 영아에게 가리켜 보라고 한다.
- 도움을 점차 줄여 간다.
- 수행되면 교사가 문이 열려 있는 그림을 가리켜 보라고 할 때 영아 스스로 가리키게 한다.
- 수행되면 교사가 "문이 닫혀 있어요."라고 말하며 문이 닫혀 있는 그림을 가리키는 시범을 보인다.
- 영아에게 교사를 모방하여 문이 닫혀 있는 그림을 가리켜 보라고 한다.

- 가리키지 못하면 교사가 영아의 손을 잡고 문이 닫혀 있는 그림을 가리켜 준다.
- 교사가 문이 닫혀 있는 그림을 가리키며 영아에게 가리켜 보라고 한다.
- 도움을 점차 줄여 간다.
- 수행되면 교사가 문이 닫혀 있는 그림을 가리켜 보라고 할 때 영아 스스로 가리키게 한다.
- 수행되면 문이 열려 있는 그림과 닫혀 있는 그림의 위치를 바꾸어 놓고 영아에게 교사의 지시대로 가리켜 보라고 한다.
- 수행되면 그림을 하나씩 추가하여 지도한 후 수행한 그림과 위치를 바꾸어 놓고 영아에게 교사의 지시대로 가리켜 보라고 한다.
- 수행되면 영아의 특성에 맞는 적절한 강화제를 제공한다.

☞ 수행되면 상자와 우유 팩 등도 같은 방법으로 지도하여 "열어요"와 "닫아요"의 지시에 따를 수 있는지 확인한다.

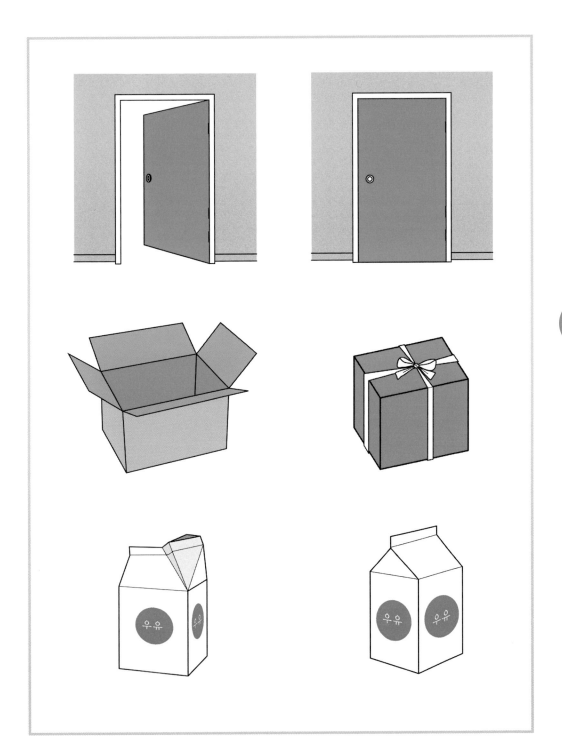

2~3
세

우유

우유 우유

우유 우유

30 큰 모자와 작은 모자 구별하기 2~3세

목표 | 큰 모자와 작은 모자를 변별할 수 있다.

자료 | 큰 모자와 작은 모자, 강화제

방법 ❶

- 교사가 '큰 모자'와 '작은 모자'를 가리키는 시범을 보인다.
- 영아에게 교사를 모방하여 '큰 모자'와 '작은 모자'를 가리켜 보라고 한다.
- 수행되면 영아 스스로 '큰 모자'와 '작은 모자'를 가리켜 보라고 한다.
- 수행되면 영아의 특성에 맞는 적절한 강화제를 제공한다.

방법 ❷

- 교사가 '큰 모자'와 '작은 모자'를 가리키는 시범을 보인다.
- 영아에게 교사를 모방하여 '큰 모자'와 '작은 모자'를 가리켜 보라고 한다.
- 모방하지 못하면 교사가 '큰 모자'를 가리키는 시범을 보인다.
- 영아에게 교사를 모방하여 '큰 모자'를 가리켜 보라고 한다.
- 가리키지 못하면 교사가 영아의 손을 잡고 '큰 모자'를 가리켜 준다.
- 교사가 '큰 모자'를 가리키며 영아에게 '큰 모자'를 가리켜 보라고 한다.
- 도움을 점차 줄여 간다.
- 수행되면 영아 스스로 '큰 모자'를 가리켜 보라고 한다.
- 수행되면 교사가 '작은 모자'를 가리키는 시범을 보인다.
- 영아에게 교사를 모방하여 '작은 모자'를 가리켜 보라고 한다.
- 가리키지 못하면 교사가 영아의 손을 잡고 '작은 모자'를 가리켜 준다.
- 교사가 '작은 모자'를 가리키며 영아에게 '작은 모자'를 가리켜 보라고 한다.
- 도움을 점차 줄여 간다.

- 수행되면 영아 스스로 '작은 모자'를 가리켜 보라고 한다.
- 수행되면 교사가 '큰 모자'와 '작은 모자'의 위치를 바꾸어 놓고 영아에게 '큰 모자'와 '작은 모자'를 가리켜 보라고 한다.
- 수행되면 영아의 특성에 맞는 적절한 강화제를 제공한다.

31 지시에 따라 세 개의 컵블록 쌓기 2~3세

목표 | 지시에 따라 세 개의 컵블록을 쌓을 수 있다.

자료 | 컵블록, 강화제

방법 ①

- 교사가 컵블록 세 개를 가지고 쌓으라고 한 후 순서대로 쌓는 시범을 보인다.
- 교사가 컵블록 세 개를 쌓으라고 하면 영아가 교사를 모방하여 컵블록 세 개를 쌓게 한다.
- 수행되면 교사가 컵블록 세 개를 쌓으라고 할 때 영아 스스로 컵블록 세 개를 쌓게 한다.
- 수행되면 영아의 특성에 맞는 적절한 강화제를 제공한다.

방법 ②

- 교사가 컵블록 한 개를 놓으라고 한 후 한 개를 놓는 시범을 보인다.
- 영아에게 교사를 모방하여 컵블록 한 개를 놓아 보라고 한다.
- 놓지 못하면 교사가 영아의 손을 잡고 컵블록 한 개를 놓아 준다.
- 교사가 컵블록 한 개를 가리키며 놓아 보라고 한다.
- 수행되면 영아 스스로 컵블록 한 개를 놓아 보라고 한다.
- 수행되면 교사가 컵블록 두 개를 가지고 순서대로 쌓는 방법을 시범 보인다.
- 교사가 컵블록 두 개를 쌓으라고 하면 영아가 교사를 모방하여 컵블록 두 개를 쌓게 한다.
- 쌓지 못하면 영아 스스로 컵블록을 한 개 놓으라고 한 후 교사가 영아의 손을 잡고 컵블록 한 개를 더 쌓아 준다.
- 교사가 컵블록 한 개를 가리키며 영아에게 영아가 놓은 컵블록 위에 한 개를 더 쌓

아 보라고 한다.

- 점차 도움을 줄여 간다.
- 수행되면 영아 스스로 컵블록 두 개를 쌓아 보라고 한다.
- 수행되면 교사가 컵블록 세 개를 가지고 순서대로 쌓는 방법을 시범 보인다.
- 교사가 컵블록 세 개를 쌓으라고 하면 영아가 교사를 모방하여 컵블록 세 개를 쌓게 한다.
- 쌓지 못하면 영아 스스로 컵블록 두 개를 쌓으라고 한 후 교사가 영아의 손을 잡고 컵블록 한 개를 더 쌓아 준다.
- 교사가 컵블록 한 개를 가리키며 영아에게 영아가 쌓아 놓은 컵블록 두 개 위에 한 개를 더 쌓아 보라고 한다.
- 점차 도움을 줄여 간다.
- 수행되면 교사가 컵블록 세 개를 쌓으라고 할 때 영아 스스로 컵블록 세 개를 쌓게 한다.
- 수행되면 영아의 특성에 맞는 적절한 강화제를 제공한다.

방법 ❸

- 교사가 컵블록 두 개를 쌓아 놓고 그 위에 한 개를 더 쌓는 시범을 보인다.
- 영아에게 교사를 모방하여 컵블록 두 개 위에 한 개를 더 쌓아 보라고 한다.
- 쌓지 못하면 교사가 영아의 손을 잡고 컵블록 한 개를 더 쌓아 준다.
- 교사가 컵블록 한 개를 가리키며 영아에게 교사가 쌓아 놓은 컵블록 위에 한 개를 더 쌓아 보라고 한다.
- 점차 도움을 줄여 간다.
- 수행되면 영아 스스로 컵블록 두 개 위에 한 개를 더 쌓아 보라고 한다.
- 수행되면 교사가 컵블록 한 개를 쌓아 놓고 그 위에 두 개를 더 쌓는 시범을 보인다.
- 영아에게 교사를 모방하여 컵블록 한 개 위에 두 개를 더 쌓아 보라고 한다.
- 쌓지 못하면 교사가 영아의 손을 잡고 컵블록 두 개를 더 쌓아 준다.

- 교사가 컵블록 두 개를 가리키며 영아에게 교사가 쌓아 놓은 컵블록 위에 두 개를 더 쌓아 보라고 한다.
- 점차 도움을 줄여 간다.
- 수행되면 영아 스스로 컵블록 한 개 위에 두 개를 더 쌓아 보라고 한다.
- 교사가 컵블록 세 개를 가지고 순서대로 쌓는 방법을 시범 보인다.
- 교사가 컵블록 세 개를 쌓으라고 하면 영아가 교사를 모방하여 컵블록 세 개를 쌓게 한다.
- 쌓지 못하면 교사가 영아의 손을 잡고 컵블록 세 개를 쌓아 준다.
- 교사가 컵블록 세 개를 가리키며 영아에게 쌓아 보라고 한다.
- 점차 도움을 줄여 간다.
- 수행되면 영아 스스로 컵블록 두 개 위에 한 개를 더 쌓아 보라고 한다.
- 수행되면 교사가 컵블록 세 개를 쌓으라고 할 때 영아 스스로 컵블록 세 개를 쌓게 한다.
- 수행되면 영아의 특성에 맞는 적절한 강화제를 제공한다.

☞ **방법 ❸**은 후진법(뒤에서부터 수행해 나감)으로 **방법 ❷**의 점진법(앞에서부터 순서대로 수행해 나감)보다 영아가 성취감을 쉽게 느낄 수 있어 일반적으로 발달지체 및 장애 영유아에게는 후진법을 많이 적용한다. 그러나 영유아의 특성을 고려하여 적용하는 것이 바람직하므로 참고하기 바란다.

☞ 컵쌓기블록이 없을 경우에는 5~7cm 평방 크기의 블록 세 개 또는 200ml 크기 우유 팩 세 개를 준비하여 위와 같은 방법으로 지도해도 된다. 그리고 주 목적이 컵블록 세 개를 쌓는 것이 아니라 지시에 따라 세 개를 쌓을 수 있는지를 확인하기 위한 것임을 유념하도록 한다.

☞ 시판되고 있는 컵쌓기블록을 가지고 세 개의 블록 쌓기를 지도하면 영아도 재미있어하고 효과적이다. 특히, 컵쌓기블록은 저렴할 뿐만 아니라 같은 색깔을 짝짓게 하거나, 컵넣기, 컵쌓기, 숫자 및 수 개념 지도하기, 모래놀이 등 다양한 용도로 활용할 수 있기 때문에 구비해 놓으면 활용도가 아주 높다.

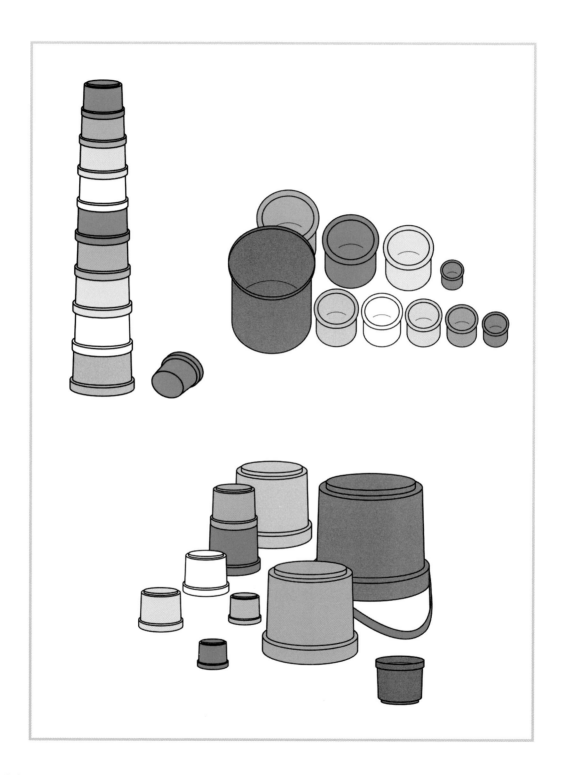

32 친숙한 물건 열다섯 개 이상 가리키기 2~3세

목표 | 친숙한 물건을 열다섯 개 이상 가리킬 수 있다.

자료 | 친숙한 물건이나 친숙한 물건의 그림 열다섯 개 이상, 강화제

방법 ❶

- 교사가 친숙한 물건 열다섯 개의 이름을 말하면서 "○○는 ♬ 어디 있나? ♬ 여~기 ♬"라고 노래 부르며 각 물건을 가리키는 시범을 보인다.
- 교사가 친숙한 물건 열다섯 개의 이름을 말하면서 각각 가리키면 영아가 교사를 모방하여 가리켜 보라고 한다.
- 수행되면 교사가 친숙한 물건 열다섯 개의 이름을 말해 줄 때 영아 스스로 가리켜 보라고 한다.
- 수행되면 교사가 친숙한 물건 열다섯 개의 위치를 다양하게 바꾸어 놓은 후 이름을 말해 줄 때 영아 스스로 각각 가리켜 보라고 한다.
- 수행되면 영아의 특성에 맞는 적절한 강화제를 제공한다.

방법 ❷

- 교사가 친숙한 물건 열다섯 개의 이름을 말하면서 "○○는 ♬ 어디 있나? ♬ 여~기 ♬"라고 노래 부르며 각 물건을 가리키는 시범을 보인다.
- 교사가 친숙한 물건 열다섯 개의 이름을 말하면서 각각 가리키면 영아가 교사를 모방하여 가리켜 보라고 한다.
- 모방하지 못하면 교사가 예를 들어 '신발'을 가지고 "신발은 ♬ 어디 있나? ♬ 여~기 ♬"라고 노래 부르며 '신발'을 가리키는 시범을 보인다.
- 교사가 '신발'을 가리켜 보라고 하면 영아가 교사를 모방하여 '신발'을 가리키게 한다.

2~3
세

85

- 모방하지 못하면 교사가 영아의 손을 잡고 '신발'을 가리켜 준다.
- 교사가 '신발'을 가리키며 영아에게 '신발'을 가리켜 보라고 한다.
- 도움을 점차 줄여 간다.
- 수행되면 영아 스스로 '신발'을 가리켜 보라고 한다.
- 수행되면 교사가 예를 들어 '신발'과 '가방'을 놓고 영아에게 '신발'을 가리켜 보라고 한다.
- 수행되면 교사가 "가방은 ♫ 어디 있나? ♫ 여~기 ♫"라고 노래 부르며 '가방'을 가리키는 시범을 보인다.
- 교사가 '가방'을 가리켜 보라고 하면 영아가 교사를 모방하여 '가방'을 가리키게 한다.
- 모방하지 못하면 교사가 영아의 손을 잡고 '가방'을 가리켜 준다.
- 교사가 '가방'을 가리키며 영아에게 가리켜 보라고 한다.
- 도움을 점차 줄여 간다.
- 수행되면 영아 스스로 '가방'을 가리켜 보라고 한다.
- 수행되면 교사가 '신발'과 '가방'을 놓고 각각 가리켜 보라고 할 때 영아 스스로 가리키게 한다.
- 수행되면 교사가 '신발'과 '가방'의 위치를 바꾸어 놓고 각각 가리켜 보라고 할 때 영아 스스로 가리키게 한다.
- 수행되면 다른 친숙한 물건들도 같은 방법으로 지도한다.
- 도움을 점차 줄여 간다.
- 수행되면 교사가 친숙한 물건 열다섯 개를 각각 가리켜 보라고 할 때 영아 스스로 가리키게 한다.
- 수행되면 교사가 친숙한 물건 열다섯 개의 위치를 다양하게 바꾸어 놓은 후 각각 가리켜 보라고 할 때 영아 스스로 가리키게 한다.
- 수행되면 영아의 특성에 맞는 적절한 강화제를 제공한다.

☞ ‘신발’과 ‘가방’을 지도한 후, 예를 들어 ‘자동차’를 지도할 경우 수행되면 ‘신발’과 ‘가방’ ‘자동차’의 위치를 다양하게 바꾸어 확인해야 하며, 사물을 추가할 때마다 위치를 바꾸어 지시에 따라 가리킬 수 있는지 확인해야 한다.

☞ 교구로 제작하여 사용하면 편리하고 영아도 흥미로워한다. 하드보드지에 보슬이를 붙인 후 다음에 제시된 그림을 복사하여 오려서 각 그림 뒤에는 까슬이를 붙여 제작하면 된다. 지도 시 붙였다 뗐다 할 수 있으므로 위치를 바꾸어 수행 여부를 확인하기가 용이하다. 하드보드지는 문방구에서 쉽게 구입할 수 있다.

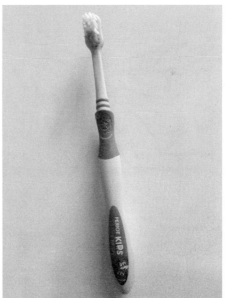

동사 그림 가리키기

목표 ┃ 동사 그림을 가리킬 수 있다.

자료 ┃ 동사 그림카드, 강화제

방법 ❶

- 교사가 동사 그림에 맞는 동작을 보여 주면서 각 그림을 가리키는 시범을 보인다.
- 교사가 각 동작을 말해 줄 때 영아에게 교사를 모방하여 각 그림을 가리켜 보라고 한다.
- 수행되면 교사가 각 동작을 말해 줄 때 영아 스스로 각 동사 그림을 가리켜 보라고 한다.
- 수행되면 영아의 특성에 맞는 적절한 강화제를 제공한다.

방법 ❷

- 교사가 예를 들어 "밥 먹는 그림 가리켜 보세요."라고 하면서 '밥 먹는 그림'을 가리키는 시범을 보인다.
- 영아에게 교사를 모방하여 '밥 먹는 그림'을 가리켜 보라고 한다.
- 모방하지 못하면 교사가 영아의 손을 잡고 가리켜 준다.
- 교사가 '밥 먹는 그림'을 가리키며 영아에게 '밥 먹는 그림'을 가리켜 보라고 한다.
- 교사가 밥 먹는 동작을 흉내 내면서 영아에게 '밥 먹는 그림'을 가리켜 보라고 한다.
- 도움을 점차 줄여 간다.
- 수행되면 영아 스스로 '밥 먹는 그림'을 가리켜 보라고 한다.
- 수행되면 교사가 '밥 먹는 그림'과 '손 씻는 그림'을 놓고 영아에게 '밥 먹는 그림'을 가리켜 보라고 한다.
- 수행되면 예를 들어 "손 씻는 그림 가리켜 보세요."라고 하면서 '손 씻는 그림'을 가리키는 시범을 보인다.

- 영아에게 교사를 모방하여 '손 씻는 그림'을 가리켜 보라고 한다.
- 모방하지 못하면 교사가 영아의 손을 잡고 '손 씻는 그림'을 가리켜 준다.
- 교사가 '손 씻는 그림'을 가리키며 영아에게 '손 씻는 그림'을 가리켜 보라고 한다.
- 교사가 손 씻는 동작을 흉내 내면서 영아에게 '손 씻는 그림'을 가리켜 보라고 한다.
- 도움을 점차 줄여 간다.
- 수행되면 영아 스스로 '손 씻는 그림'을 가리켜 보라고 한다.
- 수행되면 교사가 '밥 먹는 그림'과 '손 씻는 그림'을 놓고 각 동작을 말해 줄 때 영아 스스로 가리켜 보라고 한다.
- 수행되면 교사가 '밥 먹는 그림'과 '손 씻는 그림'의 위치를 바꾸어 놓고 각 동작을 말해 줄 때 영아 스스로 가리켜 보라고 한다.
- 수행되면 교사가 예를 들어 "이 닦는 그림 가리켜 보세요."라고 하면서 '이 닦는 그림'을 가리키는 시범을 보인다.
- 영아에게 교사를 모방하여 '이 닦는 그림'을 가리켜 보라고 한다.
- 모방하지 못하면 '손 씻는 그림'을 가리킨 것과 같은 방법으로 지도한다.
- 수행되면 다른 동작들도 같은 방법으로 지도한다.
- 수행되면 동작카드의 위치를 다양하게 바꾸어 놓은 후 교사가 각 동작을 말해 줄 때 영아 스스로 가리켜 보라고 한다.
- 수행되면 영아의 특성에 맞는 적절한 강화제를 제공한다.

☞ '밥 먹는 그림'과 '손 씻는 그림' '이 닦는 그림'을 지도한 후 수행되면 각 동사카드의 위치를 다양하게 바꾸어 확인해야 하며, 동작카드를 추가할 때마다 위치를 다양하게 바꾸어 가리킬 수 있는지 확인해야 한다.

☞ 동작카드와 동사카드는 유아교육관련 교구점이나 인터넷에서 쉽게 구입할 수 있다. 구입이 어려울 경우 사진을 찍어 사용하거나, 잡지나 동화책에서 그림이나 사진을 오려서 카드로 만들어 사용하면 된다. 다음 그림을 복사한 후 오려서 사용해도 무방하다.

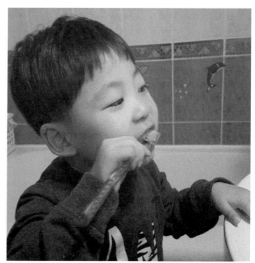

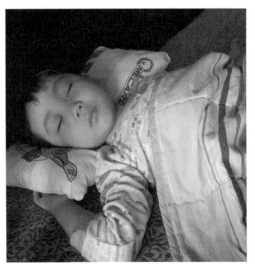

34 **간단한 동작 지시 따르기**

목표 | 간단한 동작 지시를 따를 수 있다.

자료 | 동작카드, 공, 동요가 녹음된 CD, 카세트 등, 강화제

방법 ❶

- 교사가 예를 들어 "우유 마셔요."라고 말하면서 우유를 마시는 시범을 보인다.
- 영아에게 교사를 모방하여 우유를 마셔 보라고 한다.
- 수행되면 교사가 우유를 마시라고 할 때 영아 스스로 우유를 마시게 한다.
- 수행되면 다른 동작 지시도 따를 수 있는지 확인한다.
- 수행되면 영아의 특성에 맞는 적절한 강화제를 제공한다.

방법 ❷

- 교사가 "우유가 들어 있는 컵을 잡아 보세요."라고 말하면서 우유가 들어 있는 컵을 잡는 시범을 보인다.
- 영아에게 교사를 모방하여 우유가 들어 있는 컵을 잡아 보라고 한다.
- 모방하지 못하면 교사가 영아의 손을 잡고 우유가 들어 있는 컵을 잡아 준다.
- 교사가 우유가 들어 있는 컵을 가리키며 영아에게 컵을 잡아 보라고 한다.
- 도움을 점차 줄여 간다.
- 수행되면 교사가 우유가 들어 있는 컵을 잡아 보라고 할 때 영아 스스로 우유가 들어 있는 컵을 잡게 한다.
- 수행되면 교사가 "우유 마셔요."라고 말하면서 우유를 마시는 시범을 보인다.
- 영아에게 교사를 모방하여 우유를 마셔 보라고 한다.
- 마시지 못하면 교사가 영아의 손을 잡고 우유를 마시게 해 준다.
- 교사가 우유를 영아 입에 닿게 해 준 후 우유를 마셔 보라고 한다.

- 도움을 점차 줄여 간다.
- 수행되면 교사가 우유를 마시라고 할 때 영아 스스로 우유를 마시게 한다.
- 수행되면 교사가 영아에게 익숙한 음악을 틀어 놓고 "춤춰요."라고 말하면서 춤추는 시범을 보인다.
- 영아에게 교사를 모방하여 춤을 춰 보라고 한다.
- 모방하지 못하면 교사가 영아의 손을 잡고 춤을 같이 춰 준다.
- 교사가 춤추는 동작을 보여 주며 영아에게 춤을 춰 보라고 한다.
- 도움을 점차 줄여 간다.
- 수행되면 교사가 춤을 춰 보라고 할 때 영아 스스로 춤을 추게 한다.
- 수행되면 다른 간단한 동작 지시 따르기도 같은 방법으로 지도한다.
- 수행되면 영아의 특성에 맞는 적절한 강화제를 제공한다.

2~3
세

35 "같다." "다르다." 가리키기　　2~3세

목표 | "같다."와 "다르다."를 가리킬 수 있다.
자료 | 컵, 가방, 신발, 모자 등 각 한 쌍의 실물과 그림, 강화제

방법 ❶
- 교사가 예를 들어 컵을 두 개 놓고 "같아요.", 컵과 가방을 놓고 "달라요."라고 한 후 같은 것과 다른 것을 각각 가리키는 시범을 보인다.
- 영아에게 교사를 모방하여 같은 것과 다른 것을 가리켜 보라고 한다.
- 수행되면 영아 스스로 같은 것과 다른 것을 가리켜 보라고 한다.
- 수행되면 다른 물건들도 같은 것과 다른 것을 가리킬 수 있는지 확인한다.
- 수행되면 영아의 특성에 맞는 적절한 강화제를 제공한다.

방법 ❷
- 교사가 예를 들어 컵을 두 개 놓고 "같아요.", 컵과 가방을 놓고 "달라요."라고 한 후 같은 것과 다른 것을 각각 가리키는 시범을 보인다.
- 영아에게 교사를 모방하여 같은 것과 다른 것을 가리켜 보라고 한다.
- 모방하지 못하면 교사가 '컵'을 들고 같은 것을 가리키는 시범을 보인다.
- 교사가 영아에게 '컵'과 '가방'을 제시한 후 '컵'을 들고 영아에게 같은 것(컵)을 가리켜 보라고 한다.
- 모방하지 못하면 교사가 영아의 손을 잡고 같은 것을 가리켜 준다.
- 교사가 '컵'을 가리키며 영아에게 '컵'을 가리켜 보라고 한다.
- 교사가 '컵'을 가리키며 영아에게 '같은 것'을 가리켜 보라고 한다.
- 도움을 점차 줄여 간다.
- 수행되면 교사가 '컵'을 보여 줄 때 영아 스스로 '같은 것'을 가리켜 보라고 한다.

- 수행되면 교사가 '컵'과 '가방'을 놓고 "달라요."라고 한 후 다른 것을 가리키는 시범을 보인다.
- 교사가 영아에게 '컵'과 '가방'을 제시한 후 '컵'을 들고 영아에게 다른 것(가방)을 가리켜 보라고 한다.
- 모방하지 못하면 교사가 영아의 손을 잡고 다른 것을 가리켜 준다.
- 교사가 '가방'을 가리키며 영아에게 '가방'을 가리켜 보라고 한다.
- 교사가 '가방'을 가리키며 영아에게 '다른 것'을 가리켜 보라고 한다.
- 도움을 점차 줄여 간다.
- 수행되면 교사가 '컵'을 보여 줄 때 영아 스스로 '다른 것'을 가리켜 보라고 한다.
- 수행되면 '컵'과 '가방'을 제시한 후 교사가 '컵'을 들고 영아에게 같은 것과 다른 것을 각각 가리켜 보라고 한다.
- 수행되면 '컵'과 '컵', '컵'과 '가방'의 위치를 다양하게 바꾸어 교사의 지시대로 영아가 각각 같은 것과 다른 것을 가리킬 수 있는지 확인 한다.
- 수행되면 나머지 물건들도 같은 방법으로 지도한다.
- 수행되면 같은 것과 다른 것을 다양하게 섞어 놓고, 각각 같은 것과 다른 것을 가리킬 수 있는지 확인한다.
- 수행되면 영아의 특성에 맞는 적절한 강화제를 제공한다.

☞ 예를 들어 '컵'을 가지고 지도할 시 '컵'을 달라고 하면 안 된다. '컵'을 지도하려는 것이 아니라 "같다."와 "다르다."의 의미를 수용시키려고 하는 것이 초점이므로 처음 지도 시 '컵'과 같은 것을 주지 못할 때 '컵'을 달라고 지도한 후 반드시 '컵'과 같은 것 혹은 다른 것을 달라고 해서 수행 여부를 확인해야 함을 유념하도록 한다.

☞ 영아가 이미 알고 있거나 친숙한 물건을 가지고 지도하도록 한다. 그리고 같은 것을 가리키는 대신 같은 것을 달라고 지도해도 무방하다.

☞ 교구로 제작하여 사용하면 편리하고 영아도 흥미로워한다. 하드보드지에 보슬이를 붙인 후 다음에 제시된 그림을 복사하여 사용하거나 영아에게 친숙한 그림을 오려서 각 그림 뒤에는 까슬이를 붙여 제작하면 된다. 지도 시 붙였다 뗐다 할 수 있으므로 위치를 바꾸어 수행 여부를 확인하기가 용이하다. 하드보드지는 문방구에서 쉽게 구입할 수 있다.

36 나이를 손가락으로 꼽기

목표 │ 나이를 손가락으로 꼽을 수 있다.

자료 │ 강화제

방법 ❶

- 교사가 유아의 나이를 손가락으로 꼽는 시범을 보인다.
- 유아에게 교사를 모방하여 나이를 손가락으로 꼽아 보라고 한다.
- 수행되면 유아 스스로 나이를 손가락으로 꼽아 보라고 한다.
- 수행되면 유아의 특성에 맞는 적절한 강화제를 제공한다.

방법 ❷

- 교사가 유아의 나이를 손가락으로 꼽는 시범을 보인다.
- 유아에게 교사를 모방하여 나이를 손가락으로 꼽아 보라고 한다.
- 모방하지 못하면 교사가 유아의 손가락을 잡고 나이에 맞게 꼽아 준다.
- 교사가 유아의 나이를 손가락으로 꼽으면서 유아에게 교사를 모방하여 손가락으로 꼽아 보라고 한다.
- 도움을 점차 줄여 간다.

- 수행되면 유아 스스로 나이를 손가락으로 꼽아 보라고 한다.
- 수행되면 유아의 특성에 맞는 적절한 강화제를 제공한다.

방법 ❸

- 예를 들어 유아의 나이가 3세일 경우 교사가 손가락을 한 개 꼽는 시범을 보인다.
- 유아에게 교사를 모방하여 손가락을 한 개 꼽아 보라고 한다.
- 꼽지 못하면 교사가 유아의 손가락을 잡고 한 개를 꼽아 준다.
- 교사가 유아의 손가락 한 개를 가리키며 유아에게 꼽아 보라고 한다.
- 도움을 점차 줄여 간다.
- 수행되면 유아 스스로 손가락을 한 개 꼽아 보라고 한다.
- 수행되면 교사가 손가락을 두 개 꼽는 시범을 보인다.
- 유아 스스로 손가락을 한 개 꼽은 후 교사를 모방하여 손가락 한 개를 더 꼽아 보라고 한다.
- 꼽지 못하면 교사가 유아의 손가락을 잡고 손가락 한 개를 더 꼽아 준다.
- 교사가 유아의 손가락을 두 개 가리키며 유아에게 꼽아 보라고 한다.
- 수행되면 유아 스스로 손가락 두 개를 꼽아 보라고 한다.
- 수행되면 교사가 손가락을 세 개 꼽는 시범을 보인다.
- 유아 스스로 손가락을 두 개 꼽은 후 교사를 모방하여 손가락을 한 개 더 꼽아 보라고 한다.
- 꼽지 못하면 교사가 유아의 손가락을 잡고 손가락 한 개를 더 꼽아 준다.
- 교사가 유아의 손가락 세 개 가리키며 유아에게 꼽아 보라고 한다.
- 수행되면 유아 스스로 손가락을 세 개 꼽아 보라고 한다.
- 도움을 점차 줄여 간다.
- 수행되면 유아 스스로 손가락을 세 개 꼽아 보라고 한다.
- 수행되면 유아의 특성에 맞는 적절한 강화제를 제공한다.

방법 ❹

- 예를 들어 유아의 나이가 3세일 경우 교사가 손가락을 두 개 꼽은 상태에서 손가락을 한 개 더 꼽는 시범을 보인다.
- 교사가 유아의 손가락을 두 개 꼽아 준 후 유아에게 교사를 모방하여 손가락을 한 개 더 꼽아 보라고 한다.
- 꼽지 못하면 교사가 유아의 손가락을 잡고 손가락 한 개를 더 꼽아 준다.
- 교사가 유아의 손가락 한 개를 가리키며 유아에게 꼽아 보라고 한다.
- 도움을 점차 줄여 간다.
- 수행되면 유아 스스로 손가락을 한 개 더 꼽아 보라고 한다.
- 수행되면 교사가 손가락을 한 개 꼽은 상태에서 손가락을 두 개 더 꼽는 시범을 보인다.
- 교사가 유아의 손가락을 한 개 꼽아 준 후 유아에게 교사를 모방하여 손가락을 두 개 더 꼽아 보라고 한다.
- 꼽지 못하면 교사가 유아의 손가락을 잡고 손가락 두 개를 더 꼽아 준다.
- 교사가 유아의 손가락을 두 개 가리키며 유아에게 꼽아 보라고 한다.
- 도움을 점차 줄여 간다.
- 수행되면 유아 스스로 손가락을 두 개 더 꼽아 보라고 한다.
- 수행되면 교사가 손가락을 세 개 꼽는 시범을 보인다.
- 유아에게 교사를 모방하여 손가락을 세 개 꼽아 보라고 한다.
- 꼽지 못하면 손가락 두 개를 꼽는 것과 같은 방법으로 지도한다.
- 수행되면 유아 스스로 나이를 손가락으로 꼽아 보라고 한다.
- 수행되면 유아의 특성에 맞는 적절한 강화제를 제공한다.

☞ **방법 ❹**는 후진법(뒤에서부터 수행해 나감)으로 **방법 ❸**의 점진법(앞에서부터 순서대로 수행해 나감)보다 유아가 성취감을 쉽게 느낄 수 있어 일반적으로 발달지체 및 장애 영유아에게는 후진법을 많이 적용한다. 그러나 영유아의 특성을 고려하여 적용하는 것이 바람직하므로 참고하기 바란다.

3~4
세

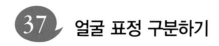

37 얼굴 표정 구분하기

목표 | 얼굴 표정을 구분할 수 있다.

자료 | 웃는 얼굴, 우는 얼굴, 화난 얼굴, 놀란 얼굴, 무서운 얼굴 등 표정카드, 강화제

방법 ❶

- 교사가 각각의 얼굴 표정카드를 유아에게 제시한 후 각 얼굴 표정에 대해서 간단하게 설명한다.
- 교사가 각각의 감정을 말하면서 감정에 맞는 얼굴 표정을 가리키는 시범을 보인다.
- 교사가 각각의 감정을 말해 줄 때 유아에게 교사를 모방하여 감정에 맞는 얼굴 표정을 가리켜 보라고 한다.
- 수행되면 교사가 각각의 감정을 말해 줄 때 유아 스스로 감정에 맞는 얼굴 표정을 가리켜 보라고 한다.
- 수행되면 각 얼굴 표정을 섞어 놓고 교사가 각각의 감정을 말해 줄 때 유아 스스로 가리켜 보라고 한다.
- 수행되면 유아의 특성에 맞는 적절한 강화제를 제공한다.

방법 ❷

- 교사가 '웃는 얼굴'과 '우는 얼굴'의 카드를 영아에게 제시한 후 "웃어요." "울어요."라고 말하며 각 카드를 가리키는 시범을 보인다.
- 유아에게 교사를 모방하여 '웃는 얼굴'과 '우는 얼굴'을 가리켜 보라고 한다.
- 가리키지 못하면 교사가 "웃어요."라고 말하며 '웃는 얼굴'을 가리키는 시범을 보인다.
- 유아에게 교사를 모방하여 '웃는 얼굴'을 가리켜 보라고 한다.
- 가리키지 못하면 교사가 유아의 손을 잡고 '웃는 얼굴'을 가리켜 준다.

- 교사가 '웃는 얼굴'을 가리키며 유아에게 '웃는 얼굴'을 가리켜 보라고 한다.
- 교사가 웃는 흉내를 내며 유아에게 '웃는 얼굴'을 가리켜 보라고 한다.
- 도움을 점차 줄여 간다.
- 수행되면 유아 스스로 '웃는 얼굴'을 가리켜 보라고 한다.
- 수행되면 교사가 '웃는 얼굴'과 '우는 얼굴'의 카드 위치를 바꾸어 놓고 유아에게 '웃는 얼굴'을 가리켜 보라고 한다.
- 수행되면 교사가 "울어요."라고 말하며 '우는 얼굴'을 가리키는 시범을 보인다.
- 유아에게 교사를 모방하여 '우는 얼굴'을 가리켜 보라고 한다.
- 가리키지 못하면 교사가 유아의 손을 잡고 '우는 얼굴'을 가리켜 준다.
- 교사가 '웃는 얼굴'을 가리키며 유아에게 '우는 얼굴'을 가리켜 보라고 한다.
- 교사가 우는 흉내를 내며 유아에게 '우는 얼굴'을 가리켜 보라고 한다.
- 도움을 점차 줄여 간다.
- 수행되면 유아 스스로 '우는 얼굴'을 가리켜 보라고 한다.
- 수행되면 '웃는 얼굴'과 '우는 얼굴'의 카드를 섞어 놓고 교사가 각 감정을 말해 줄 때 유아에게 각 표정을 가리켜 보라고 한다.
- 수행되면 교사가 "화났어요."라고 말하며 '화난 얼굴'을 가리키는 시범을 보인다.
- 유아에게 교사를 모방하여 '화난 얼굴'을 가리켜 보라고 한다.
- 가리키지 못하면 '우는 얼굴'을 지도한 것과 같은 방법으로 지도한다.
- 수행되면 '웃는 얼굴'과 '우는 얼굴' '화난 얼굴'의 카드 위치를 다양하게 바꾸어 교사가 각 감정을 말해 줄 때 유아에게 각 표정을 가리켜 보라고 한다.
- 수행되면 나머지 표정들도 같은 방법으로 지도한다.
- 수행되면 유아의 특성에 맞는 적절한 강화제를 제공한다.

☞ 지도 시 교사가 실제 표정(예: 우는 얼굴 지도 시 '엉, 엉, 엉')을 보여 주면서 지도하면 효과적이다.

☞ 교구로 제작하여 사용하면 편리하고 유아도 흥미로워한다. 하드보드지에 보슬이를 붙인 후 다

음에 제시된 그림을 복사하여 오려서 각 그림 뒤에는 까슬이를 붙여 제작하면 된다. 지도 시 붙였다 뗐다 할 수 있으므로 위치를 바꾸어 수행 여부를 확인하기가 용이하다. 하드보드지는 문방구에서 쉽게 구입할 수 있다.

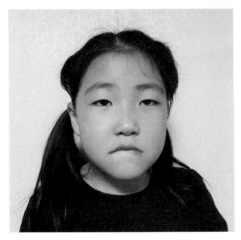

38 같은 짝 맞추기 3~4세

목표 | 같은 짝을 맞출 수 있다.

자료 | 양말, 장갑, 신발, 젓가락 등의 실물과 그림, 강화제

방법 ❶

- 교사가 각 물건의 짝을 보여 준 후 "무엇이, 무엇이 ♬ 똑같을까? ♬ ○~○ 두 짝이 ♬ 똑같아요 ♬"라고 노래 부르며 각 물건의 짝을 맞추는 시범을 보인다.
- 유아에게 교사를 모방하여 각 물건의 짝을 맞추어 보라고 한다.
- 수행되면 유아 스스로 각 물건의 짝을 맞추어 보라고 한다.
- 수행되면 교사가 양말, 장갑, 신발, 젓가락 등을 섞어 놓은 후 유아 스스로 각 물건의 짝을 맞추어 보라고 한다.
- 수행되면 유아의 특성에 맞는 적절한 강화제를 제공한다.

방법 ❷

- 교사가 각 물건의 짝을 보여 준 후 "무엇이, 무엇이 ♬ 똑같을까? ♬ ○~○ 두 짝이 ♬ 똑같아요 ♬"라고 노래 부르며 각 물건의 짝을 맞추는 시범을 보인다.
- 유아에게 교사를 모방하여 각 물건의 짝을 맞추어 보라고 한다.
- 모방하지 못하면 교사가 예를 들어 "무엇이, 무엇이 ♬ 똑같을까? ♬ 장~갑 두 짝이 ♬ 똑같아요 ♬"라고 노래 부르며 장갑의 짝을 맞추는 시범을 보인다.
- 유아에게 교사를 모방하여 장갑의 짝을 맞추어 보라고 한다.
- 모방하지 못하면 교사가 유아의 손을 잡고 장갑의 짝을 맞추어 준다.
- 교사가 장갑의 짝을 가리키며 유아에게 장갑의 짝을 맞추어 보라고 한다.
- 교사가 한 쪽 장갑을 보여 주며 유아에게 장갑의 짝을 맞추어 보라고 한다.
- 도움을 점차 줄여 간다.

- 수행되면 유아 스스로 장갑의 짝을 맞추어 보라고 한다.
- 수행되면 교사가 "무엇이, 무엇이 ♬ 똑같을까? ♬ 양~말 두 짝이 ♬ 똑같아요 ♬"라고 노래 부르며 양말의 짝을 맞추는 시범을 보인다.
- 유아에게 교사를 모방하여 양말의 짝을 맞추어 보라고 한다.
- 모방하지 못하면 장갑의 짝을 맞추는 것과 같은 방법으로 지도한다.
- 수행되면 유아 스스로 양말의 짝을 맞추어 보라고 한다.
- 수행되면 교사가 장갑과 양말을 한 켤레씩 섞어 놓고 유아에게 각각의 짝을 맞추어 보라고 한다.
- 수행되면 다른 물건의 짝을 맞추는 것도 같은 방법으로 지도한다.
- 수행되면 교사가 양말, 장갑, 신발, 젓가락 등을 섞어 놓은 후 유아 스스로 각 물건의 짝을 맞추어 보라고 한다.
- 수행되면 유아의 특성에 맞는 적절한 강화제를 제공한다.

3~4
세

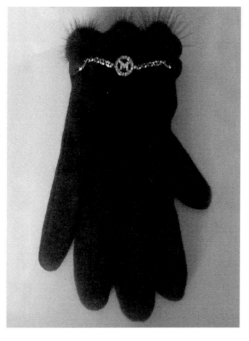

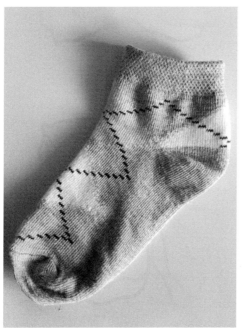
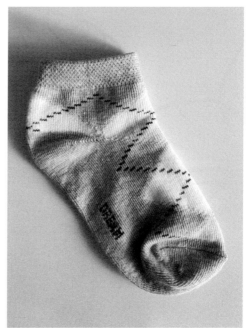

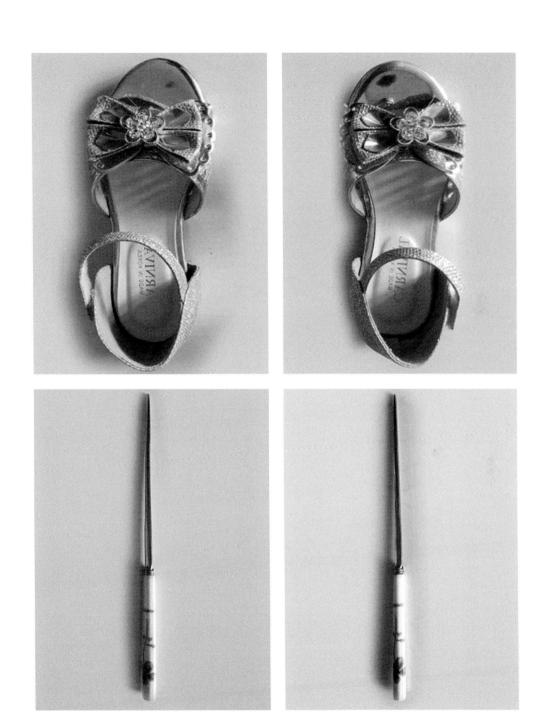

39 기능이나 용도에 맞는 물건 가리키기 　3~4세

목표 | 기능이나 용도에 맞는 물건을 가리킬 수 있다.
자료 | 컵, 칫솔, 주전자, 가위, 휴지 등의 실물과 그림, 강화제

방법 ❶

- 교사가 예를 들어 '컵'과 '칫솔'을 놓고 물 마시는 동작을 보여 준 후 '컵'을 가리키는 시범을 보인다.
- 교사가 '물' 마시는 동작을 보여 준 후 유아에게 교사를 모방하여 '물' 마실 때 필요한 물건을 가리켜 보라고 한다.
- 수행되면 교사가 '물' 마시는 동작을 보여 줄 때 유아 스스로 '물' 마실 때 필요한 물건을 가리켜 보라고 한다.
- 수행되면 다른 물건들도 교사가 각 동작을 보여 줄 때 유아 스스로 각각의 기능이나 용도에 맞는 물건을 가리킬 수 있는지 확인한다.
- 수행되면 유아의 특성에 맞는 적절한 강화제를 제공한다.

방법 ❷

- 교사가 예를 들어 '컵'과 '칫솔'을 놓고 물 마시는 동작을 보여 준 후 '컵'을 가리키는 시범을 보인다.
- 교사가 '물' 마시는 동작을 보여 준 후 유아에게 교사를 모방하여 '물' 마실 때 필요한 물건을 가리켜 보라고 한다.
- 모방하지 못하면 교사가 유아의 손을 잡고 '물' 마실 때 필요한 물건을 가리켜 준다.
- 교사가 '컵'을 가리키며 유아에게 '컵'을 가리켜 보라고 한다.
- 교사가 '컵'을 가리키며 유아에게 '물' 마실 때 필요한 물건을 가리켜 보라고 한다.
- 도움을 점차 줄여 간다.

• 수행되면 교사가 '물' 마시는 동작을 보여 준 후 유아 스스로 '물' 마실 때 필요한 물건을 가리켜 보라고 한다.
• 수행되면 '컵'과 '칫솔'을 놓고 이 닦는 동작을 보여 준 후 '칫솔'을 가리키는 시범을 보인다.
• 교사가 '이' 닦는 동작을 보여 준 후 유아에게 교사를 모방하여 '이' 닦을 때 필요한 물건을 가리켜 보라고 한다.
• 모방하지 못하면 교사가 유아의 손을 잡고 '이' 닦을 때 필요한 물건을 가리켜 준다.
• 교사가 '칫솔'을 가리키며 유아에게 '칫솔'을 가리켜 보라고 한다.
• 교사가 '칫솔'을 가리키며 유아에게 '이' 닦을 때 필요한 물건을 가리켜 보라고 한다.
• 도움을 점차 줄여 간다.
• 수행되면 교사가 '이' 닦는 동작을 보여 준 후 유아 스스로 '이' 닦을 때 필요한 물건을 가리켜 보라고 한다.
• 수행되면 '컵'과 '칫솔'의 위치를 다양하게 바꾸어 놓고 교사가 물 마시는 동작과 이 닦는 동작을 보여 준 후 유아에게 각각 필요한 물건을 가리켜 보라고 한다.
• 수행되면 나머지 물건들도 같은 방법으로 지도한다.
• 수행되면 다른 물건들도 교사가 각 동작을 보여 줄 때 유아 스스로 각각의 기능이나 용도에 맞는 물건을 가리킬 수 있는지 확인한다.
• 수행되면 유아의 특성에 맞는 적절한 강화제를 제공한다.

☞ 예를 들어 '컵'을 가지고 지도할 시 '컵'을 달라고 하면 안 된다. '컵'을 지도하려는 것이 아니라 '기능이나 용도'에 맞는 물건의 의미를 수용시키려고 하는 것이 초점이므로 처음 지도 시 '물' 마실 때 필요한 것을 주지 못하면 '컵'을 달라고 지도한 후 반드시 '물' 마실 때 필요한 것을 달라고 해서 수행 여부를 확인해야 함을 유념하도록 한다.

☞ 교구로 제작하여 사용하면 편리하고 유아도 흥미로워한다. 하드보드지에 보슬이를 붙인 후 다음에 제시된 그림을 복사하여 오려서 각 그림 뒤에는 까슬이를 붙여 제작하면 된다. 지도 시 붙

였다 뗐다 할 수 있으므로 위치를 바꾸어 수행 여부를 확인하기가 용이하다. 하드보드지는 문방구에서 쉽게 구입할 수 있다.

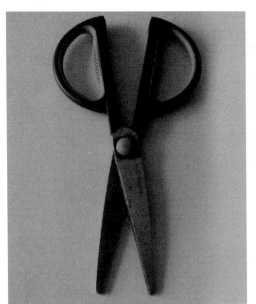

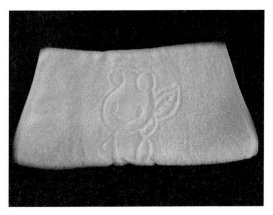

40 신체 기능 가리키기 3~4세

목표 | 신체 기능을 가리킬 수 있다.

자료 | 신체 기능과 관련된 실물 및 그림, 강화제

방법 ❶

- 교사가 눈, 코, 입, 귀의 기능과 관련된 실물 및 그림을 가지고, 각 신체 이름과 기능을 말해 준 후 각 신체의 기능을 가리키는 시범을 보인다.
- 유아에게 교사를 모방하여 각각의 신체와 관련된 기능을 가리켜 보라고 한다.
- 수행되면 교사가 각 신체 이름을 말해 줄 때 유아 스스로 신체 기능을 가리켜 보라고 한다.
- 수행되면 유아의 특성에 맞는 적절한 강화제를 제공한다.

방법 ❷

- 교사가 눈, 코, 입, 귀의 기능과 관련된 실물 및 그림을 가지고, 각 신체 이름과 기능을 말해 준 후 각 신체의 기능을 가리키는 시범을 보인다.
- 교사가 각 신체 이름을 말해 준 후 유아에게 각 신체와 관련된 기능을 가리켜 보라고 한다.
- 가리키지 못하면 교사가 예를 들어 '입'의 기능과 관련된 것(예: 과자 먹기, 바나나 먹기 등)을 설명한 후 과자를 가리키는 시범을 보인다.
- 유아에게 교사를 모방하여 '입'으로 무엇을 하는지 가리켜 보라고 한다.
- 모방하지 못하면 교사가 유아의 손을 잡고 과자를 가리켜 준다.
- 교사가 과자를 가리키며 유아에게 가리켜 보라고 한다.
- 도움을 점차 줄여 간다.
- 수행되면 유아 스스로 과자를 가리켜 보라고 한다.

3~4세

- 수행되면 교사가 예를 들어 '눈'의 기능과 관련된 것(예: 동화책 보기, TV 보기 등)을 설명한 후 동화책을 가리키는 시범을 보인다.
- 유아에게 교사를 모방하여 '눈'으로 무엇을 하는지 가리켜 보라고 한다.
- 모방하지 못하면 '입'의 기능을 지도한 것과 같은 방법으로 지도한다.
- 수행되면 교사가 '입'과 '눈'의 이름을 말해 준 후 유아 스스로 '입'과 '눈'의 기능을 가리켜 보라고 한다.
- 수행되면 다른 신체 기능도 같은 방법으로 지도한다.
- 수행되면 교사가 각 신체 이름을 말해 준 후 유아에게 각 신체 기능을 가리켜 보라고 한다.
- 수행되면 유아의 특성에 맞는 적절한 강화제를 제공한다.

방법 ❸

- 교사가 눈, 코, 입, 귀의 기능과 관련된 그림을 가지고, 각 신체 이름과 기능을 말해 준 후 각 신체 옆에 신체의 기능을 붙이는 시범을 보인다.
- 유아에게 교사를 모방하여 각 신체 옆에 신체의 기능을 붙여 보라고 한다.
- 모방하지 못하면 교사가 예를 들어 '입' 옆에 바나나를 붙이는 시범을 보인다.
- 유아에게 교사를 모방하여 '입' 옆에 바나나를 붙여 보라고 한다.
- 붙이지 못하면 교사가 유아의 손을 잡고 바나나를 붙여 준다.
- 교사가 바나나를 가리키며 유아에게 '입' 옆에 붙여 보라고 한다.
- 교사가 바나나를 보여 주며 유아에게 같은 것을 찾아 '입' 옆에 붙여 보라고 한다.
- 도움을 점차 줄여 간다.
- 수행되면 유아 스스로 '입' 옆에 바나나를 붙여 보라고 한다.
- 수행되면 교사가 예를 들어 '눈' 옆에 TV를 붙이는 시범을 보인다.
- 유아에게 교사를 모방하여 '눈' 옆에 TV를 붙여 보라고 한다.
- 붙이지 못하면 '입'의 기능을 지도한 것과 같은 방법으로 지도한다.
- 수행되면 교사가 바나나와 TV그림을 제시한 후 유아 스스로 '입'과 '눈' 옆에 붙

여 보라고 한다.

- 수행되면 다른 신체 기능도 같은 방법으로 지도한다.
- 수행되면 각 신체 부위와 관련된 기능을 섞어 놓고, 유아에게 교사의 지시에 따라 관련된 기능을 붙여 보라고 한다.
- 수행되면 유아의 특성에 맞는 적절한 강화제를 제공한다.

☞ 각 방법 지도 시 실제 상황(예: 눈 기능 지도 시 동화책 준비, 입 기능 지도 시 음식물 준비 등)을 만들어 위와 같은 방법으로 지도하면 효과적이다.

☞ 방법 ❸ 지도 시 교구로 만들어 사용하면 편리하고 유아도 흥미로워한다. 하드보드지에 보슬이를 붙이고 인체의 기능에 까슬이를 붙여, 붙였다 뗐다 할 수 있도록 제작하면 된다. 하드보드지는 시중 문방구에서 쉽게 구입할 수 있다. 제작하기가 어려울 경우 그림만 오려서 사용해도 무방하다.

상황의 순서 가리키기 3~4세

목표 | 상황의 순서를 가리킬 수 있다.

자료 | 상황의 순서 그림, 강화제

방법 ❶

- 교사가 상황이 벌어진 그림을 유아에게 제시한 후 각 상황이 벌어진 순서를 가리
  키는 시범을 보인다.
- 유아에게 교사를 모방하여 각 상황이 벌어진 순서를 가리켜 보라고 한다.
- 수행되면 유아 스스로 각 상황이 벌어진 순서를 가리켜 보라고 한다.
- 수행되면 유아의 특성에 맞는 적절한 강화제를 제공한다.

방법 ❷

- 교사가 상황이 벌어진 그림을 유아에게 제시한 후 각 상황이 벌어진 순서를 가리
  키는 시범을 보인다.
- 유아에게 교사를 모방하여 각 상황이 벌어진 순서를 가리켜 보라고 한다.
- 가리키지 못하면 교사가 예를 들어 비가 오고 있는 그림과 우산을 쓴 그림을 제시
  한 후 상황이 벌어진 순서를 가리키는 시범을 보인다.
- 유아에게 교사를 모방하여 상황이 벌어진 순서를 가리켜 보라고 한다.
- 가리키지 못하면 교사가 유아의 손을 잡고 "비가 오고 있어요." 그래서 "○○가
  우산을 썼어요."라고 말하며 그림을 순서대로 가리켜 준다.
- 교사가 비가 오고 있는 그림을 가리켜 준 후 유아에게 우산을 쓴 그림을 가리켜 보
  라고 한다.
- 도움을 점차 줄여 간다.
- 수행되면 유아 스스로 비가 오고 있는 그림과 우산을 쓴 그림을 상황이 벌어진 순

서대로 가리켜 보라고 한다.

- 수행되면 교사가 그림의 위치를 바꾸어 놓은 후 유아에게 비가 오고 있는 그림과 우산을 쓴 그림을 상황이 벌어진 순서대로 가리켜 보라고 한다.
- 수행되면 교사가 예를 들어 케이크에 촛불이 켜져 있는 그림과 촛불을 불어 끄는 그림을 제시한 후 상황이 벌어진 순서를 가리키는 시범을 보인다.
- 유아에게 교사를 모방하여 상황이 벌어진 순서를 가리켜 보라고 한다.
- 가리키지 못하면 비가 오는 그림을 지도한 것과 같은 방법으로 지도한다.
- 수행되면 교사가 비가 오는 그림과 케이크 그림 네 개를 섞어 놓은 후 유아에게 각각의 그림을 상황이 벌어진 순서대로 가리켜 보라고 한다.
- 수행되면 유아의 특성에 맞는 적절한 강화제를 제공한다.

☞ 교구로 제작하여 사용하면 편리하고 유아도 흥미로워한다. 하드보드지에 보슬이를 붙이고 각 그림 뒤에는 까슬이를 붙여, 붙였다 뗐다 할 수 있도록 제작하여 순서대로 붙이게 지도하면 된다. 하드보드지는 시중 문방구에서 쉽게 구입할 수 있다. 제작하기가 어려울 경우 그림만 오려서 사용해도 무방하다.

3~4 세

42 자신의 성별 구별하기 3~4세

목표 | 자신의 성별을 구별할 수 있다.

자료 | 여자 및 남자 그림, 강화제

방법 ❶

- 교사가 여자와 남자 그림을 제시한 후 유아의 성별(예: 여자일 경우는 여자, 남자일 경우는 남자)에 따라 그림을 가리키는 시범을 보인다.
- 유아에게 교사를 모방하여 자신의 성별을 가리켜 보라고 한다.
- 수행되면 유아 스스로 자신의 성별을 가리켜 보라고 한다.
- 수행되면 유아의 특성에 맞는 적절한 강화제를 제공한다.

방법 ❷

- 교사가 여자와 남자 그림을 제시한 후 유아의 성별(예: 여자일 경우는 여자, 남자일 경우는 남자)에 따라 그림을 가리키는 시범을 보인다.
- 유아에게 교사를 모방하여 자신의 성별을 가리켜 보라고 한다.
- 가리키지 못하면 교사가 예를 들어 유아가 여자일 경우 여자를 가리키는 시범을 보인다.
- 유아에게 교사를 모방하여 여자를 가리켜 보라고 한다.
- 가리키지 못하면 교사가 유아의 손을 잡고 여자를 가리켜 준다.
- 교사가 여자를 가리켜 준 후 유아에게 여자를 가리켜 보라고 한다.
- 교사가 여자의 그림을 보여 준 후 유아에게 여자를 가리켜 보라고 한다.
- 도움을 점차 줄여 간다.
- 수행되면 유아 스스로 여자를 가리켜 보라고 한다.
- 수행되면 교사가 남자와 여자의 그림을 섞어 놓은 후 유아에게 여자를 가리켜 보라고 한다.

• 수행되면 유아의 특성에 맞는 적절한 강화제를 제공한다.

☞ 자신의 성별과 같은 그림에 스티커를 붙이게 해도 재미있어하므로 활용하도록 한다.

43 "크다." "작다." 가리키기 3~4세

목표 │ 큰 것과 작은 것을 가리킬 수 있다.

자료 │ 크기가 다른 자동차, 공, 신발, 상자, 블록 등의 모형 및 실물과 그림, 강화제

방법 ❶

- 교사가 크기가 다른 물건들을 가지고 '큰 것'과 '작은 것'을 가리키는 시범을 보인다.
- 유아에게 교사를 모방하여 '큰 것'과 '작은 것'을 가리켜 보라고 한다.
- 수행되면 유아 스스로 '큰 것'과 '작은 것'을 가리켜 보라고 한다.
- 수행되면 유아의 특성에 맞는 적절한 강화제를 제공한다.

방법 ❷

- 교사가 예를 들어 '큰 자동차'를 가리키며 "커요." '작은 자동차'를 가리키며 "작아요."라고 말하며 '큰 것'과 '작은 것'을 가리키는 시범을 보인다.
- 유아에게 교사를 모방하여 '큰 것'과 '작은 것'을 가리켜 보라고 한다.
- 가리키지 못하면 교사가 '큰 자동차'와 '작은 자동차'를 놓고 "큰 자동차는 어디 있나? ♬ 맞춰~봐요, 맞춰~봐요 ♬"라고 노래 부르며 '큰 자동차'를 가리키는 시범을 보인다.
- 교사가 "큰 자동차는 어디 있나? ♬ 맞춰~봐요, 맞춰~봐요 ♬"라고 노래 부르며 유아에게 교사를 모방하여 '큰 자동차'를 가리켜 보라고 한다.
- 가리키지 못하면 교사가 유아의 손을 잡고 큰 자동차를 가리켜 준다.
- 교사가 '큰 자동차'를 가리키면서 유아에게 "큰 자동차 주세요."라고 하거나 '큰 자동차'를 가리켜 보라고 한다.
- 도움을 점차 줄여 간다.
- 수행되면 유아 스스로 '큰 자동차'를 가리켜 보라고 한다.

- 수행되면 교사가 '큰 자동차'와 '작은 자동차'를 놓고 "작은 자동차는 어디 있나? 맞춰~봐요, 맞춰~봐요 ♬"라고 노래 부르며 '작은 자동차'를 가리키는 시범을 보인다.
- 교사가 "작은 자동차는 어디 있나? ♬ 맞춰~봐요, 맞춰~봐요 ♬"라고 노래 부르며 유아에게 교사를 모방하여 '작은 자동차'를 가리켜 보라고 한다.
- 가리키지 못하면 '큰 자동차'를 가리킨 것과 같은 방법으로 지도한다.
- 수행되면 교사가 '큰 자동차'와 '작은 자동차'의 위치를 바꾸어 놓고 유아에게 '큰 자동차'와 '작은 자동차'를 가리켜 보라고 한다.
- 수행되면 다른 물건들도 같은 방법으로 지도한다.
- 수행되면 교사가 다른 물건들도 다양하게 위치를 바꾸어 놓고 유아에게 교사의 지시에 따라 '큰 것'과 '작은 것'을 가리켜 보라고 한다.
- 수행되면 유아의 특성에 맞는 적절한 강화제를 제공한다.

방법 ❸

- 교사가 거리를 조금 띄워 유아와 마주 보고 앉는다.
- 교사가 '큰 공'을 가지고 유아에게 굴려 주면서 "큰 공 받아요."라고 말한다.
- 유아에게 교사에게로 '큰 공'을 굴려 달라고 한다.
- 굴려 주지 못하면 교사가 유아의 손을 잡고 '큰 공'을 굴려 준다.
- 교사가 유아에게 '큰 공'과 '작은 공'을 준 후 '큰 공'을 가리키며 교사에게로 '큰 공'을 굴려 보라고 한다.
- 교사가 '큰 공'을 보여 주며 유아에게 교사에게로 '큰 공'을 굴려 보라고 한다.
- 도움을 점차 줄여 간다.
- 수행되면 유아 스스로 '큰 공'을 교사에게로 굴려 보라고 한다.
- 수행되면 교사가 '작은 공'을 가지고 유아에게 굴려 주면서 "작은 공 받아요."라고 말한다.
- 유아에게 교사에게로 '작은 공'을 굴려 달라고 한다.

- 굴려 주지 못하면 '큰 공'을 굴려 준 것과 같은 방법으로 지도한다.
- 수행되면 교사가 유아에게 '큰 공'과 '작은 공'을 번갈아 굴려 보라고 한다.
- 수행되면 유아의 특성에 맞는 적절한 강화제를 제공한다.

방법 ❹

- 교사가 '큰 의자'와 '작은 의자'를 놓고 "큰 의~자에 ♫ 앉아 봅~시다 ♫ 어여쁘게 앉~아 봅시다 ♫"라고 노래 부르며 '큰 의자'에 앉는 시범을 보인다.
- 유아에게 교사를 모방하여 '큰 의자'에 앉아 보라고 한다.
- 모방하지 못하면 교사가 유아의 어깨를 잡고 '큰 의자'에 앉혀 준다.
- 교사가 '큰 의자'를 가리키면서 유아에게 '큰 의자'에 앉아 보라고 한다.
- 도움을 점차 줄여 간다.
- 수행되면 유아 스스로 '큰 의자'에 앉아 보라고 한다.
- 수행되면 교사가 '큰 의자'와 '작은 의자'를 놓고 "작은 의~자에 ♫ 앉아 봅~시다 ♫ 어여쁘게 앉~아 봅시다 ♫"라고 노래 부르며 '작은 의자'에 앉는 시범을 보인다.
- 유아에게 교사를 모방하여 '작은 의자'에 앉아 보라고 한다.
- 모방하지 못하면 '큰 의자'에 앉는 것을 지도한 것과 같은 방법으로 지도한다.
- 수행되면 유아 스스로 '작은 의자'에 앉아 보라고 한다.
- 수행되면 유아에게 교사의 지시에 따라 '큰 의자'와 '작은 의자'에 앉아 보라고 한다.
- 수행되면 유아의 특성에 맞는 적절한 강화제를 제공한다.

☞ "크다", "작다" 지도 시 크기가 다른 두 개의 물건 색이 반드시 동일해야 한다. 색을 단서로 큰 것과 작은 것을 구분할 수 있으므로 주의해야 한다.

☞ "크다", "작다" 지도 시 크기가 다른 두 개의 물건에 색(예: 큰 자동차 빨간색, 작은 자동차 노란색)을 달리해서 지도한 후 같은 색으로 지도하면 쉽게 수행한다.

☞ 방법 ❹는 달팽이 집 노래를 개작("큰 의~자에 ♬ 앉아 봅~시다 ♬ 어여쁘게 앉~아 봅시다 ♬")하여 노래 부르며 교사와 유아가 큰 의자와 작은 의자에 누가 먼저 앉는지 놀이를 하면 유아가 자연스럽게 놀이를 통해 '큰 것'과 '작은 것'을 효과적으로 습득할 수 있다.

☞ 교구로 제작하여 사용하면 편리하고 유아도 흥미로워한다. 하드보드지에 보슬이를 붙이고 각 그림 뒤에는 까슬이를 붙여, 붙였다 뗐다 할 수 있도록 제작하면 된다. 하드보드지는 시중 문방구에서 쉽게 구입할 수 있다. 제작하기가 어려울 경우 그림만 오려서 사용해도 무방하다.

3~4
세

관련 없는 두 가지 지시 따르기   3~4세

목표 | 관련 없는 두 가지 지시를 따를 수 있다.
자료 | 공, 컵, 책, 장난감, 신발, 모자 등, 강화제

방법 ❶

- 교사가 예를 들어 "책을 책상 위에 놓고 모자를 써요."라고 한 후 책을 책상 위에 놓고 모자를 쓰는 시범을 보인다.
- 교사가 책을 책상 위에 놓고 모자를 쓰라고 하면 유아가 교사를 모방하여 책을 책상 위에 놓고 모자를 쓰게 한다.
- 수행되면 교사가 "책을 책상 위에 놓고 모자를 써요."라고 하면 유아 스스로 책을 책상 위에 놓고 모자를 쓰게 한다.
- 수행되면 다른 관련 없는 두 가지 지시도 같은 방법으로 지도한 후 지시를 따를 수 있는지 확인한다.
- 수행되면 유아의 특성에 맞는 적절한 강화제를 제공한다.

방법 ❷

- 교사가 "책을 책상에 놓아요."라고 한 후 책을 책상에 놓는 시범을 보인다.
- 교사가 책을 책상에 놓으라고 하면 유아가 교사를 모방하여 책을 책상에 놓게 한다.
- 모방하지 못하면 교사가 유아의 손을 잡고 책을 책상에 놓아 준다.
- 교사가 책을 가리키며 유아에게 책을 책상에 놓아 보라고 한다.
- 도움을 점차 줄여 간다.
- 수행되면 유아 스스로 책을 책상 위에 놓아 보라고 한다.
- 수행되면 교사가 "모자를 써요."라고 한 후 모자를 쓰는 시범을 보인다.
- 유아에게 교사를 모방하여 모자를 써 보라고 한다.

- 모방하지 못하면 교사가 유아의 손을 잡고 모자를 머리에 씌워 준다.
- 교사가 모자를 가리키며 유아에게 모자를 써 보라고 한다.
- 도움을 점차 줄여 간다.
- 수행되면 교사가 모자를 쓰라고 할 때 유아 스스로 모자를 쓰게 한다.
- 수행되면 교사가 "책을 책상 위에 놓고 모자를 써요."라고 한 후 책을 책상 위에 놓고 모자를 쓰는 시범을 보인다.
- 교사가 책을 책상 위에 놓고 모자를 쓰라고 하면 유아가 교사를 모방하여 책을 책상 위에 놓고 모자를 쓰게 한다.
- 수행되면 교사가 지시할 때 유아 스스로 책을 책상 위에 놓고 모자를 써 보라고 한다.
- 수행되면 유아의 특성에 맞는 적절한 강화제를 제공한다.

☞ 유아에게 친숙한 물건이나 사물, 즉 유아가 이름을 알고 있는 친숙한 물건이나 사물을 가지고 지도하도록 유념해야 한다.

☞ 수행되면 예를 들어 "책을 책상 위에 놓고 컵을 싱크대에 갖다 놓아요." "방에 가서 가방을 가져와요." "장난감을 바닥에 놓고 모자를 써요." 등을 위와 같은 방법으로 지도하도록 한다.

3~4
세

45 옷의 이름 구별하기　3~4세

목표 | 옷의 이름을 구별할 수 있다.

자료 | 유아용 바지, 치마, T-셔츠, 양말, 외투(겉옷)의 실물 및 그림, 강화제

방법 ❶

- 교사가 각 옷의 이름을 말해 준 후 각각의 옷을 가리키는 시범을 보인다.
- 교사가 각 옷의 이름을 말해 주면 유아가 교사를 모방하여 각각의 옷을 가리켜 보

라고 한다.
- 수행되면 교사가 각 옷의 이름을 말해 줄 때 유아 스스로 각각의 옷을 가리켜 보라고 한다.
- 수행되면 유아의 특성에 맞는 적절한 강화제를 제공한다.

방법 ❷

- 교사가 각 옷의 이름을 말해 준 후 각각의 옷을 가리키는 시범을 보인다.
- 교사가 각 옷의 이름을 말해 주면 유아가 교사를 모방하여 각각의 옷을 가리켜 보라고 한다.
- 가리키지 못하면 교사가 예를 들어 "바지."라고 말해 준 후 '바지'를 가리키는 시범을 보인다.
- 교사가 "바지."라고 말해 주면 유아가 교사를 모방하여 '바지'를 가리켜 보라고 한다.
- 가리키지 못하면 교사가 유아의 손을 잡고 '바지'를 가리켜 준다.
- 교사가 '바지'를 가리키며 유아에게 '바지'를 가리켜 보라고 한다.
- 도움을 점차 줄여 간다.
- 수행되면 교사가 '바지'를 가리켜 보라고 할 때 유아 스스로 '바지'를 가리키게 한다.
- 수행되면 교사가 "T-셔츠."라고 말해 준 후 'T-셔츠'를 가리키는 시범을 보인다.
- 교사가 "T-셔츠."라고 말해 주면 유아가 교사를 모방하여 'T-셔츠'를 가리켜 보라고 한다.
- 가리키지 못하면 교사가 유아의 손을 잡고 'T-셔츠'를 가리켜 준다.
- 교사가 'T-셔츠'를 가리키며 유아에게 'T-셔츠'를 가리켜 보라고 한다.
- 도움을 점차 줄여 간다.
- 수행되면 교사가 'T-셔츠'를 가리켜 보라고 할 때 유아 스스로 'T-셔츠'를 가리키게 한다.
- 수행되면 '바지'와 'T-셔츠'의 위치를 바꾸어 놓고 교사의 지시에 따라 유아에게

'바지'와 'T-셔츠'를 가리켜 보라고 한다.

• 수행되면 다른 옷들도 위와 같은 방법으로 지도한다.

• 수행되면 교사가 각 옷의 이름을 말해 줄 때 유아 스스로 각각의 옷을 가리켜 보라고 한다.

• 수행되면 유아의 특성에 맞는 적절한 강화제를 제공한다.

☞ 교사가 지시하는 옷에 스티커를 붙이게 하면 유아들의 관심을 끌 수 있으므로 활용하도록 한다.

3~4
세

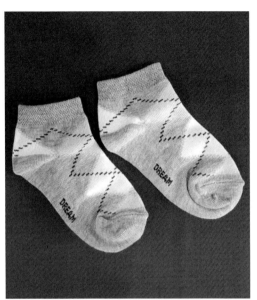

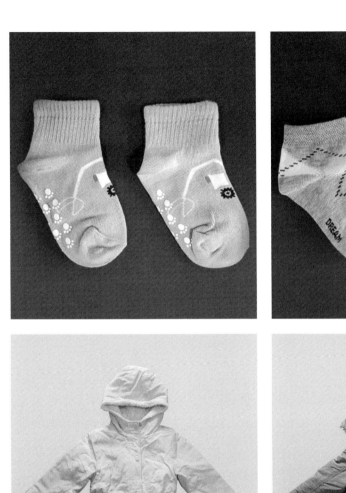

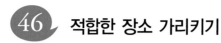

46 적합한 장소 가리키기 3~4세

목표 | 적합한 장소를 가리킬 수 있다.
자료 | 장소를 나타내는 사진 및 그림, 강화제

방법 ❶

- 교사가 장소를 나타내는 사진이나 그림을 놓고, 각 활동에 적합한 장소를 말해 준 후 각 활동(예: 이 닦는 곳)에 적합한 장소(예: 세면대)를 가리키는 시범을 보인다.
- 유아에게 교사를 모방하여 각 활동에 적합한 장소를 가리켜 보라고 한다.
- 수행되면 교사가 각 활동을 말해 줄 때 유아 스스로 적합한 장소를 가리켜 보라고 한다.
- 수행되면 각 활동과 관련된 장소의 위치를 바꾸어 놓고 교사가 각 활동을 말해 줄 때 유아 스스로 적합한 장소를 가리켜 보라고 한다.
- 수행되면 유아의 특성에 맞는 적절한 강화제를 제공한다.

방법 ❷

- 교사가 장소를 나타내는 사진이나 그림을 놓고, 각 활동에 적합한 장소를 말해 준 후 각 활동(예: 이 닦는 곳)에 적합한 장소(예: 세면대)를 가리키는 시범을 보인다.
- 교사가 예를 들어 세면대 그림과 놀이터 그림을 제시한 후 유아에게 이 닦는 장소를 가리켜 보라고 한다.
- 가리키지 못하면 교사가 유아의 손을 잡고 세면대 그림을 가리켜 준다.
- 교사가 세면대 그림을 가리키며 유아에게 가리켜 보라고 한다.
- 도움을 점차 줄여 간다.
- 수행되면 유아 스스로 세면대 그림을 가리켜 보라고 한다.
- 수행되면 교사가 세면대 그림과 놀이터 그림의 위치를 바꾸어 놓고 세면대 그림을

가리켜 보라고 한다.

- 수행되면 교사가 미끄럼틀 타기에 적합한 장소를 가리키는 시범을 보인다.
- 교사가 예를 들어 세면대 그림과 놀이터 그림을 제시한 후 유아에게 미끄럼틀 타는 장소를 가리켜 보라고 한다.
- 가리키지 못하면 교사가 유아의 손을 잡고 놀이터 그림을 가리켜 준다.
- 교사가 놀이터 그림을 가리키며 유아에게 가리켜 보라고 한다.
- 도움을 점차 줄여 간다.
- 수행되면 유아 스스로 놀이터 그림을 가리켜 보라고 한다.
- 수행되면 세면대 그림과 놀이터 그림의 위치를 바꾸어 놓고 교사가 각 활동을 말해 줄 때 유아 스스로 장소를 가리켜 보라고 한다.
- 수행되면 나머지 장소들도 같은 방법으로 지도한다.
- 수행되면 각 장소 그림을 섞어 놓은 후 교사가 각 활동을 말해 줄 때 유아 스스로 장소를 가리켜 보라고 한다.
- 수행되면 유아의 특성에 맞는 적절한 강화제를 제공한다.

3~4
세

"많다." "적다." 가리키기

목표 ┃ "많다." "적다."를 가리킬 수 있다.

자료 ┃ 접시(바구니) 두 개, 사탕이나 블록의 실물 및 그림, 강화제

방법 ❶

- 교사가 '많은 것'과 '적은 것'을 가리키는 시범을 보인다.
- 유아에게 교사를 모방하여 '많은 것'과 '적은 것'을 가리켜 보라고 한다.
- 수행되면 유아 스스로 '많은 것'과 '적은 것'을 가리켜 보라고 한다.
- 수행되면 '많은 것'과 '적은 것'을 섞어 놓은 후 교사가 '많은 것'과 '적은 것'을 가리켜 보라고 할 때 유아가 지시에 따라 가리켜 보게 한다.
- 수행되면 유아의 특성에 맞는 적절한 강화제를 제공한다.

방법 ❷

- 교사가 예를 들어 사탕이 많이 놓인 접시와 적게 놓인 접시를 제시한다.
- 교사가 사탕이 많이 놓인 접시와 적게 놓인 접시를 각각 가리키며 "많아요." "적어요."라고 하면서 '많은 것'과 '적은 것'을 가리키는 시범을 보인다.
- 유아에게 교사를 모방하여 '많은 것'과 '적은 것'을 가리켜 보라고 한다.
- 수행되면 유아 스스로 '많은 것'과 '적은 것'을 가리켜 보라고 한다.
- 수행되면 '많은 것'과 '적은 것'의 위치를 바꾸어 놓고 교사의 지시에 따라 유아 스스로 '많은 것'과 '적은 것'을 가리켜 보라고 한다.
- 수행되면 다른 물건들도 교사의 지시에 따라 '많은 것'과 '적은 것'을 가리켜 보라고 한다.
- 수행되면 유아의 특성에 맞는 적절한 강화제를 제공한다.

- 교사가 예를 들어 사탕이 많이 놓인 접시와 적게 놓인 접시를 제시하고 사탕이 많이 놓인 접시를 "많아요."라고 한 후 '많은 것'을 가리키는 시범을 보인다.
- 유아에게 교사를 모방하여 '많은 것'을 가리켜 보라고 한다.
- 가리키지 못하면 교사가 유아의 손을 잡고 '많은 것'을 가리켜 준다.
- 교사가 사탕이 많이 놓인 접시를 가리키며 유아에게 '많은 것'을 가리켜 보라고 한다.
- 도움을 점차 줄여 간다.
- 수행되면 유아 스스로 '많은 것'을 가리켜 보라고 한다.
- 수행되면 교사가 사탕이 적게 담긴 접시를 "적어요."라고 한 후 '적은 것'을 가리키는 시범을 보인다.
- 유아에게 교사를 모방하여 '적은 것'을 가리켜 보라고 한다.
- 가리키지 못하면 '많은 것'을 가리킨 것과 같은 방법으로 지도한다.
- 수행되면 유아 스스로 '적은 것'을 가리켜 보라고 한다.
- 수행되면 '많은 것'과 '적은 것'의 위치를 바꾸어 놓고 유아에게 교사의 지시에 따라 '많은 것'과 '적은 것'을 가리켜 보라고 한다.
- 수행되면 다른 물건들도 같은 방법으로 지도한다.
- 수행되면 유아의 특성에 맞는 적절한 강화제를 제공한다.

☞ 처음 지도 시에는 양의 차이(예: 사탕 7개와 2개)를 많이 나게 하여 지도하다가 점차 차이를 줄여 (예: 사탕 7개와 5개) 지도한다.

☞ '많은 것'이나 '적은 것'에 색칠을 하게 한다든지, 스티커를 붙이게 하는 방법도 있다.

☞ 그림을 교구로 제작하여 사용하면 편리하고 유아도 흥미로워한다. 하드보드지에 보슬이를 붙이고 각 그림 뒤에는 까슬이를 붙여, 붙였다 뗐다 할 수 있도록 제작하면 된다. 하드보드지는 시중 문방구에서 쉽게 구입할 수 있다. 제작하기가 어려울 경우 그림만 오려서 사용해도 무방하다.

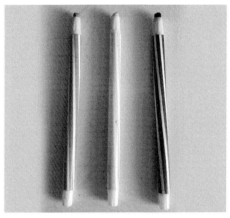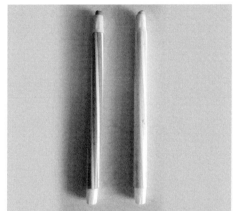

48 "높다." "낮다." 가리키기 3~4세

목표 | "높다." "낮다."를 가리킬 수 있다.

자료 | 1,000ml와 500ml, 200ml 우유 팩, 높이가 다른 블록 등의 실물과 그림, 강화제

방법 ❶

- 교사가 '높은 것'과 '낮은 것'을 가리키는 시범을 보인다.
- 유아에게 교사를 모방하여 '높은 것'과 '낮은 것'을 가리켜 보라고 한다.
- 수행되면 유아 스스로 '높은 것'과 '낮은 것'을 가리켜 보라고 한다.
- 수행되면 '높은 것'과 '낮은 것'을 섞어 놓은 후 교사가 '높은 것'과 '낮은 것'을 가리켜 보라고 할 때 유아가 지시에 따라 가리켜 보게 한다.
- 수행되면 유아의 특성에 맞는 적절한 강화제를 제공한다.

방법 ❷

- 교사가 예를 들어 1,000ml 우유 팩과 200ml 우유 팩을 제시한다.
- 교사가 1,000ml 우유 팩과 200ml 우유 팩을 각각 가리키며 "높아요." "낮아요."라고 하면서 '높은 것'과 '낮은 것'을 가리키는 시범을 보인다.
- 유아에게 교사를 모방하여 '높은 것'과 '낮은 것'을 가리켜 보라고 한다.
- 수행되면 유아 스스로 '높은 것'과 '낮은 것'을 가리켜 보라고 한다.
- 수행되면 교사가 500ml 우유 팩과 200ml 우유 팩을 각각 가리키며 "높아요." "낮아요."라고 하면서 '높은 것'과 '낮은 것'을 가리키는 시범을 보인다.
- 유아에게 교사를 모방하여 '높은 것'과 '낮은 것'을 가리켜 보라고 한다.
- 수행되면 유아 스스로 '높은 것'과 '낮은 것'을 가리켜 보라고 한다.
- 수행되면 '높은 것'과 '낮은 것'의 위치를 바꾸어 놓고 교사의 지시에 따라 유아 스스로 '높은 것'과 '낮은 것'을 가리켜 보라고 한다.

- 수행되면 다른 물건들도 교사의 지시에 따라 '높은 것'과 '낮은 것'을 가리켜 보라고 한다.
- 수행되면 유아의 특성에 맞는 적절한 강화제를 제공한다.

방법 ❸
- 교사가 예를 들어 1,000ml 우유 팩과 200ml 우유 팩을 제시하고 1,000ml 우유 팩이 '높다'는 것을 설명한 후 '높은 것'을 가리키는 시범을 보인다.
- 유아에게 교사를 모방하여 '높은 것'을 가리켜 보라고 한다.
- 가리키지 못하면 교사가 유아의 손을 잡고 '높은 것'을 가리켜 준다.
- 교사가 1,000ml 우유 팩을 가리키며 유아에게 '높은 것'을 가리켜 보라고 한다.
- 도움을 점차 줄여 간다.
- 수행되면 유아 스스로 '높은 것'을 가리켜 보라고 한다.
- 수행되면 교사가 200ml 우유 팩이 '낮다'는 것을 설명한 후 '낮은 것'을 가리키는 시범을 보인다.
- 유아에게 교사를 모방하여 '낮은 것'을 가리켜 보라고 한다.
- 가리키지 못하면 '높은 것'을 가리킨 것과 같은 방법으로 지도한다.
- 수행되면 유아 스스로 '낮은 것'을 가리켜 보라고 한다.
- 수행되면 '높은 것'과 '낮은 것'의 위치를 바꾸어 놓고 유아에게 교사의 지시에 따라 '높은 것'과 '낮은 것'을 가리켜 보라고 한다.
- 수행되면 다른 물건들도 같은 방법으로 지도한다.
- 수행되면 유아의 특성에 맞는 적절한 강화제를 제공한다.

☞ 처음 지도 시에는 높이의 차이가 많이 나는 물건을 가지고 시작하도록 한다. 그리고 유아가 어려워할 경우 예를 들어 '높은 것'은 빨간색, '낮은 것'은 파란색으로 제시하여 지도한 후 같은 색으로 지도하도록 한다. 색을 달리할 경우 색이 단서가 되어 수행할 수 있으므로 반드시 같은 색으로 확인해야 한다.

☞ 1,000ml 우유 팩과 200ml 우유 팩, 1,000ml 우유 팩과 500ml 우유 팩이 수행되면 500ml 우유 팩과 200ml 우유 팩을 가지고 확인해 보도록 한다.

☞ '높은 것'이나 '낮은 것'의 그림에 색칠을 하게 한다든지, 스티커를 붙이게 하는 방법도 있다.

엄마 · 아빠 물건 구별하기   3~4세

목표 | 엄마와 아빠의 물건을 구별 수 있다.
자료 | 엄마와 아빠의 물건, 강화제

방법 ❶

- 교사가 엄마와 아빠의 물건을 설명한 후 엄마와 아빠의 물건을 각각 가리키는 시범을 보인다.
- 유아에게 교사를 모방하여 엄마와 아빠의 물건을 각각 가리켜 보라고 한다.
- 수행되면 유아 스스로 엄마와 아빠의 물건을 각각 가리켜 보라고 한다.
- 수행되면 엄마와 아빠의 물건을 다양하게 섞어 놓고 유아에게 엄마와 아빠의 물건을 각각 가리켜 보라고 한다.
- 수행되면 유아의 특성에 맞는 적절한 강화제를 제공한다.

방법 ❷

- 교사가 엄마와 아빠의 물건을 설명한 후 엄마의 물건을 가리키는 시범을 보인다.
- 유아에게 교사를 모방하여 엄마의 물건을 가리켜 보라고 한다.
- 가리키지 못하면 교사가 유아의 손을 잡고 엄마의 물건을 가리켜 준다.
- 교사가 엄마의 물건을 가리키며 유아에게 엄마의 물건을 가리켜 보라고 한다.
- 도움을 점차 줄여 간다.
- 수행되면 교사가 엄마의 물건 가리켜 보라고 할 때 유아 스스로 엄마의 물건을 가리키게 한다.
- 수행되면 교사가 아빠의 물건을 가리키는 시범을 보인다.
- 유아에게 교사를 모방하여 아빠의 물건을 가리켜 보라고 말한다.
- 가리키지 못하면 엄마의 물건을 가리킨 것과 같은 방법으로 지도한다.

- 수행되면 엄마와 아빠의 물건 위치를 바꾸어 놓고 교사의 지시에 따라 엄마와 아빠의 물건을 가리켜 보라고 한다.
- 수행되면 유아의 특성에 맞는 적절한 강화제를 제공한다.

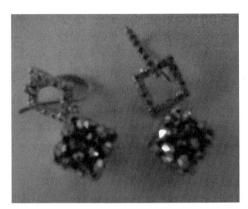

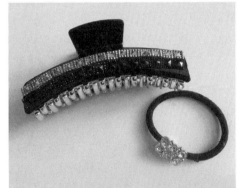

3~4
세

50 위, 아래에 입는 옷 구별하기 3~4세

목표 | 위와 아래에 입는 옷을 구별 수 있다.

자료 | 두세 벌의 상의와 하의, 강화제

방법 ❶

- 교사가 위에 입는 옷(상의)과 아래에 입는 옷(하의)을 각각 가리키는 시범을 보인다.
- 유아에게 교사를 모방하여 위에 입는 옷과 아래에 입는 옷을 가리켜 보라고 한다.
- 수행되면 유아 스스로 위에 입는 옷과 아래에 입는 옷을 가리켜 보라고 한다.
- 수행되면 위에 입는 옷과 아래에 입는 옷을 다양하게 섞어 놓고 유아에게 위에 입는 옷과 아래에 입는 옷을 각각 가리켜 보라고 한다.
- 수행되면 유아의 특성에 맞는 적절한 강화제를 제공한다.

방법 ❷

- 교사가 위에 입는 옷(상의)과 아래에 입는 옷(하의)을 설명한 후 위에 입는 옷을 가리키는 시범을 보인다.
- 유아에게 교사를 모방하여 위에 입는 옷을 가리켜 보라고 한다.
- 가리키지 못하면 교사가 유아의 손을 잡고 위에 입는 옷을 가리켜 준다.
- 교사가 위에 입는 옷을 가리키며 유아에게 위에 입는 옷을 가리켜 보라고 한다.
- 도움을 점차 줄여 간다.
- 수행되면 교사가 위에 입는 옷을 가리켜 보라고 할 때 유아 스스로 위에 입는 옷을 가리키게 한다.
- 수행되면 교사가 아래에 입는 옷(하의)을 가리키는 시범을 보인다.
- 유아에게 교사를 모방하여 아래에 입는 옷(하의)을 가리켜 보라고 말한다.
- 가리키지 못하면 위에 입는 옷을 가리킨 것과 같은 방법으로 지도한다.

- 수행되면 위에 입는 옷과 아래에 입는 옷의 위치를 바꾸어 놓고 교사의 지시에 따라 위에 입는 옷과 아래에 입는 옷을 가리켜 보라고 한다.
- 수행되면 유아의 특성에 맞는 적절한 강화제를 제공한다.

☞ 교사의 지시에 따라 위에 입는 옷이나 아래에 입는 옷에 스티커를 붙이게 하거나 동그라미를 하게 하는 방법도 있다.

화장실 용품 가리키기

목표 ┃ 화장실에 있는 물건을 가리킬 수 있다.

자료 ┃ 비누, 휴지, 칫솔, 치약, 수건의 실물과 그림, 강화제

방법 ❶

- 교사가 비누, 휴지, 칫솔, 치약, 수건을 제시한 후 각각의 물건을 가리키는 시범을 보인다.
- 교사가 각각의 물건 이름을 말해 줄 때 유아에게 교사를 모방하여 각각의 물건을 가리켜 보라고 한다.
- 수행되면 교사가 화장실에 있는 물건들의 이름을 말해 줄 때 유아 스스로 각각의 물건을 가리켜 보라고 한다.
- 수행되면 교사가 화장실에 있는 물건들의 위치를 바꾸어 놓고 유아에게 각각의 물건을 가리켜 보라고 한다.
- 수행되면 유아의 특성에 맞는 적절한 강화제를 제공한다.

방법 ❷

- 교사가 예를 들어 비누와 칫솔을 제시하고 각 물건의 이름을 말해 준 후 "비누는 ♬ 어디 있나 ♬ 여~기 ♬"라고 노래 부르며 '비누'를 가리키는 시범을 보인다.
- 유아에게 교사를 모방하여 '비누'를 가리켜 보라고 한다.
- 모방하지 못하면 교사가 유아의 손을 잡고 '비누'를 가리켜 준다.
- 교사가 '비누'를 가리키며 유아에게 '비누'를 가리켜 보라고 한다.
- 교사가 손 씻는 동작을 보여 주며 유아에게 손 씻을 때 필요한 물건을 가리켜 보라고 한다.
- 도움을 점차 줄여 간다.

- 수행되면 유아 스스로 '비누'를 가리켜 보라고 한다.
- 수행되면 교사가 "칫~솔은 ♫ 어디 있나 ♫ 여~기 ♫"라고 노래 부르며 '칫솔'을 가리키는 시범을 보인다.
- 유아에게 교사를 모방하여 '칫솔'을 가리켜 보라고 한다.
- 모방하지 못하면 교사가 유아의 손을 잡고 '칫솔'을 가리켜 준다.
- 교사가 '칫솔'을 가리키며 유아에게 '칫솔'을 가리켜 보라고 한다.
- 교사가 이 닦는 동작을 보여 주며 유아에게 '치카 치카' 할 때 필요한 물건을 가리켜 보라고 한다.
- 도움을 점차 줄여 간다.
- 수행되면 유아 스스로 '칫솔'을 가리켜 보라고 한다.
- 수행되면 '비누'와 '칫솔'의 위치를 바꾸어 놓고 유아에게 각각의 물건을 가리켜 보라고 한다.
- 수행하면 다른 물건들도 같은 방법으로 지도한 후 화장실에 있는 물건들의 위치를 바꾸어 놓고 유아에게 각각의 물건을 가리켜 보라고 한다.
- 수행되면 유아의 특성에 맞는 적절한 강화제를 제공한다.

3~4
세

52 두 가지 촉감 가리키기

목표 | 두 가지 촉감을 가리킬 수 있다.

자료 | 서로 다른 촉감 두 개(예: 사포, 극세사. 솜, 콩 등), 비밀주머니, 강화제

방법 ❶

- 교사가 두 개의 다른 촉감, 예를 들어 "꺼칠하다."라고 말하며 사포를 가리키고, "부드럽다."라고 말하면서 극세사를 가리키는 시범을 보인다.
- 교사가 두 가지 촉감을 말해 줄 때 유아가 교사를 모방하여 두 촉감을 각각 가리키게 한다.
- 수행되면 교사가 두 가지 촉감을 말해 줄 때 유아 스스로 두 가지 촉감을 가리켜 보라고 한다.
- 수행되면 유아의 특성에 맞는 적절한 강화제를 제공한다.

방법 ❷

- 교사가 두 개의 다른 촉감, 예를 들어 "꺼칠하다."와 "부드럽다."를 설명한 후 꺼칠한 사포를 가리키는 시범을 보인다.
- 유아에게 교사를 모방하여 꺼칠한 촉감을 가리켜 보라고 한다.

- 가리키지 못하면 교사가 "꺼칠한 것은 ♬ 어디 있~나 여~기! ♬"라고 노래 부르며 유아의 손을 잡고 사포를 가리켜 준다.
- 교사가 사포를 가리키며 유아에게 꺼칠한 것을 가리켜 보라고 한다.
- 도움을 점차 줄여 간다.
- 수행되면 교사가 꺼칠한 것을 가리켜 보라고 할 때 유아 스스로 사포를 가리킨다.
- 수행되면 교사가 사포와 극세사를 놓고 유아에게 꺼칠한 것을 가리켜 보라고 한다.
- 수행되면 교사가 "부드러운 것은 ♬ 어디 있~나 여~기! ♬"라고 노래 부르며 극세사를 가리키는 시범을 보인다.
- 교사가 부드러운 것을 가리켜 보라고 할 때 유아가 교사를 모방하여 부드러운 것을 가리켜 보게 한다.
- 가리키지 못하면 교사가 "부드러운 것은 ♬ 어디 있~나 여~기! ♬"라고 노래 부르며 유아의 손을 잡고 극세사를 가리켜 준다.
- 교사가 극세사를 가리키며 유아에게 부드러운 것을 가리켜 보라고 한다.
- 도움을 점차 줄여 간다.
- 수행되면 교사가 부드러운 것을 가리켜 보라고 할 때 유아 스스로 극세사를 가리킨다.
- 수행되면 두 가지 촉감을 놓고 교사가 각각의 촉감을 말해 줄 때 유아 스스로 가리켜 보라고 한다.
- 수행되면 두 가지 촉감의 위치를 다양하게 바꾸어 놓고 유아에게 각각의 촉감을 가리켜 보라고 한다.
- 수행되면 유아의 특성에 맞는 적절한 강화제를 제공한다.

☞ 비밀주머니에 사포와 극세사를 넣은 후 사포와 극세사를 꺼내면서 각 촉감을 구분하도록 지도해도 된다.

☞ 비밀주머니는 큰 사각 스카프를 이용하여 사각 스카프 둘레에 구멍을 낸 후 구멍에 끈을 끼워

서 사용하면 된다. 비밀주머니 대신 집에서 구하기 쉬운 가방이나 모자, 상자 등을 활용해도 된다.

☞ 판매되고 있는 촉감교구 및 촉감 책을 활용하거나 집에서 쉽게 구할 수 있는 자료들을 활용하면 된다.

53 여러 가지 음식 가리키기 4~5세

목표 | 여러 가지 음식을 가리킬 수 있다.

자료 | 유아에게 친숙한 음식의 실물과 그림, 음식물 스티커, 하드보드지, 강화제

방법 ❶

- 빵, 과자. 우유, 라면, 밥은 앞 단계에서 수행하였으므로 확인한 후 시행한다.
- 교사가 각 음식의 이름을 말하면서 "○○는 ♬ 어디 있나? ♬ 여~기 ♬"라고 노래 부르며 각 음식을 가리키는 시범을 보인다.
- 교사가 각 음식의 이름을 말해 줄 때 유아에게 교사를 모방하여 각 음식을 가리켜 보라고 한다.
- 수행되면 교사가 각 음식의 이름을 말해 줄 때 유아 스스로 가리켜 보라고 한다.
- 수행되면 교사가 각 음식의 위치를 다양하게 바꾸어 놓은 후 이름을 말해 줄 때 유아 스스로 각각 가리켜 보라고 한다.
- 수행되면 유아의 특성에 맞는 적절한 강화제를 제공한다.

방법 ❷

- 교사가 각 음식의 이름을 말하면서 "○○는 ♬ 어디 있나? ♬ 여~기 ♬"라고 노래 부르며 각 음식을 가리키는 시범을 보인다.

4~5세

- 교사가 각 음식의 이름을 말해 줄 때 유아에게 교사를 모방하여 각 음식을 가리켜 보라고 한다.
- 모방하지 못하면 교사가 예를 들어 "만두는 ♬ 어디 있나 ♬ 여~기 ♬"라고 노래 부르며 만두를 가리키는 시범을 보인다.
- 교사가 "만두."라고 말해 준 후 유아에게 교사를 모방하여 '만두'를 가리켜 보라고 한다.
- 모방하지 못하면 교사가 유아의 손을 잡고 '만두'를 가리켜 준다.
- 교사가 '만두'를 가리키며 유아에게 가리켜 보라고 한다.
- 도움을 점차 줄여 간다.
- 수행되면 유아 스스로 '만두'를 가리켜 보라고 한다.
- 수행되면 교사가 예를 들어 '만두'와 '요구르트'를 놓고 유아에게 '만두'를 가리켜 보라고 한다.
- 수행되면 교사가 "요구르트는 ♬ 어디 있나? ♬ 여~기 ♬"라고 노래 부르며 '요구르트'를 가리키는 시범을 보인다.
- 교사가 "요구르트."라고 말해 준 후 유아에게 교사를 모방하여 '요구르트'를 가리켜 보라고 한다.
- 모방하지 못하면 '만두'를 가리킨 것과 같은 방법으로 지도한다.
- 수행되면 유아 스스로 '요구르트'를 가리켜 보라고 한다.
- 수행되면 교사가 '만두'와 '요구르트'를 놓고 각각의 이름을 말해 줄 때 유아 스스로 가리켜 보라고 한다.
- 수행되면 교사가 '만두'와 '요구르트'의 위치를 바꾸어 놓고 각각의 이름을 말해 줄 때 유아 스스로 가리켜 보라고 한다.
- 수행되면 다른 음식들도 같은 방법으로 지도한다.
- 수행되면 교사가 각 음식의 위치를 다양하게 바꾸어 놓은 후 이름을 말해 줄 때 유아 스스로 각각 가리켜 보라고 한다.
- 수행되면 유아의 특성에 맞는 적절한 강화제를 제공한다.

방법 ❸

- 교사가 예를 들어 "만두는 ♬ 어디 있나? ♬ 여~기 ♬"라고 노래 부르며 하드보드지에 '만두' 스티커(하단 음식물 스티커 제작 방법 참조)를 붙이는 시범을 보인다.
- 유아에게 교사를 모방하여 '만두' 스티커를 붙여 보라고 한다.
- 모방하지 못하면 교사가 유아의 손을 잡고 '만두' 스티커를 붙여 준다.
- 교사가 '만두' 스티커를 가리키며 유아에게 '만두' 스티커를 붙여 보라고 한다.
- 도움을 점차 줄여 간다.
- 수행되면 유아 스스로 '만두' 스티커를 붙여 보라고 한다.
- 수행되면 교사가 "요구르트는 ♬ 어디 있나? ♬ 여~기 ♬"라고 노래 부르며 '요구르트' 스티커를 붙이는 시범을 보인다.
- 유아에게 교사를 모방하여 '요구르트' 스티커를 붙여 보라고 한다.
- 모방하지 못하면 '만두' 스티커를 붙이는 것과 같은 방법으로 지도한다.
- 수행되면 유아 스스로 '요구르트' 스티커를 붙여 보라고 한다.
- 수행되면 '만두'와 '요구르트' 스티커를 유아에게 제시한 후 교사가 각각의 이름을 말해 줄 때 유아 스스로 붙여 보라고 한다.
- 수행되면 다른 음식들도 같은 방법으로 지도한다.
- 수행되면 교사가 유아에게 음식물 스티커를 제시한 후 교사가 각각의 이름을 말해 줄 때 유아 스스로 붙여 보라고 한다.
- 수행되면 유아의 특성에 맞는 적절한 강화제를 제공한다.

4~5
세

☞ 예를 들어 '만두'와 '요구르트' '김치'를 지도한 후 수행되면 '만두'와 '요구르트' '김치'의 위치를 다양하게 바꾸어 확인해야 하며, 음식을 추가할 때마다 위치를 다양하게 바꾸어 가리킬 수 있는지 확인해야 한다.

☞ 음식 스티커를 제작하여 하드보드지에 붙이게 하면 유아가 무척 흥미로워한다. 제작 방법은 다음 음식 그림을 복사하거나 인터넷에서 유아에게 친숙한 그림을 출력하거나 도화지에 친숙한

음식 그림을 그려서 색칠하여 오린 후, 뒷면에 양면테이프(양면테이프는 유아가 사용 시 교사가 떼
주어야 함)를 붙이거나 일반 테이프를 붙여 사용하면 된다. 하드보드지는 문방구에서 쉽게 구입
할 수 있다.

☞ 실제 음식으로 지도한 후 그림으로 확인하는 것이 효과적이다.

물건을 '앞' '뒤'에 놓기　　　4~5세

목표 │ 물건을 '앞' '뒤'에 놓을 수 있다.
자료 │ 상자, 인형, 블록 등, 앞뒤와 관련된 그림, 강화제

방법 ❶

• 상자와 인형을 유아에게 제시하고 교사가 앞과 뒤를 설명한 후 상자 앞과 뒤에 인형을 놓는 시범을 보인다.
• 유아에게 교사를 모방하여 인형을 상자 앞과 뒤에 놓아 보라고 한다.
• 수행되면 교사의 지시에 따라 유아 스스로 인형을 상자 앞과 뒤에 놓아 보라고 한다.
• 수행되면 다른 물건들도 상자 앞과 뒤에 놓아 보라고 한다.
• 수행되면 유아의 특성에 맞는 적절한 강화제를 제공한다.

방법 ❷

• 상자와 인형을 유아에게 제시하고 교사가 앞과 뒤를 설명한 후 "앞~에 ♫ 앞~에 ♫ 앞 앞 앞 ♫ 앞에 놓아요 ♫"라고 노래 부르며 상자 앞에 인형을 놓는 시범을 보인다.
• 유아에게 교사를 모방하여 상자 앞에 인형을 놓아 보라고 한다.
• 모방하지 못하면 교사가 유아의 손을 잡고 상자 앞에 인형을 놓아 준다.
• 교사가 상자 앞을 가리키며 유아에게 상자 앞에 인형을 놓아 보라고 한다.
• 도움을 점차 줄여 간다.
• 수행되면 유아 스스로 상자 앞에 인형을 놓아 보라고 한다.
• 수행되면 교사가 "뒤~에 ♫ 뒤~에 ♫ 뒤 뒤 뒤 ♫ 뒤에 놓아요 ♫"라고 노래 부르며 상자 뒤에 인형을 놓는 시범을 보인다.
• 유아에게 교사를 모방하여 상자 뒤에 인형을 놓아 보라고 한다.

- 모방하지 못하면 교사가 유아의 손을 잡고 상자 뒤에 인형을 놓아 준다.

- 교사가 상자 뒤를 가리키며 유아에게 상자 뒤에 인형을 놓아 보라고 한다.

- 도움을 점차 줄여 간다.

- 수행되면 유아 스스로 상자 뒤에 인형을 놓아 보라고 한다.

- 수행되면 교사의 지시에 따라 유아 스스로 인형을 상자 앞과 뒤에 놓아 보라고 한다.

- 수행되면 유아의 특성에 맞는 적절한 강화제를 제공한다.

☞ 수행되면 그림을 가지고 동그라미를 그리게 하거나 스티커를 붙이게 해서 확인해 보도록 한다.

4~5
세

다음 그림을 보고 앞에 있는 것에 ○표 하세요.

다음 그림을 보고 뒤에 있는 것에 ○표 하세요.

다음 그림을 보고 앞에 있는 것에 ○표, 뒤에 있는 것에 /표 하세요.

55 "길다." "짧다." 가리키기 4~5세

목표 | "길다." "짧다."를 가리킬 수 있다.

자료 | 길고 짧은 연필, 긴 기차와 짧은 자동차 등 길이가 다른 여러 개의 물건 및 그림, 강화제

방법 ❶

- 길이가 다른 여러 개의 물건을 유아에게 제시하고 교사가 긴 것과 짧은 것을 설명한 후 긴 것과 짧은 것을 가리키는 시범을 보인다.
- 유아에게 교사를 모방하여 긴 것과 짧은 것을 가리켜 보라고 한다.
- 수행되면 교사의 지시에 따라 유아 스스로 긴 것과 짧은 것을 가리켜 보라고 한다.
- 수행되면 다른 물건들도 긴 것과 짧은 것을 가리켜 보라고 한다.
- 수행되면 길이가 다른 여러 개의 물건들을 섞어 놓고 교사의 지시에 따라 긴 것과 짧은 것을 가리켜 보라고 한다.
- 수행되면 유아의 특성에 맞는 적절한 강화제를 제공한다.

방법 ❷

- 교사가 예를 들어 긴 연필과 짧은 연필을 유아에게 제시한다.
- 교사가 긴 것과 짧은 것을 설명한 후 "긴 것은 ♫ 어디 있나? ♫ 맞춰~봐요, 맞춰~봐요 ♫"라고 노래 부르며 긴 연필을 가리키는 시범을 보인다.
- 유아에게 교사를 모방하여 긴 연필을 가리켜 보라고 한다.
- 모방하지 못하면 교사가 유아의 손을 잡고 긴 연필을 가리켜 준다.
- 교사가 긴 연필을 가리키며 유아에게 긴 것을 가리켜 보라고 한다.
- 도움을 점차 줄여 간다.
- 수행되면 유아 스스로 긴 것을 가리켜 보라고 한다.

4~5세

- 수행되면 교사가 "짧은 것은 ♬ 어디 있나? ♬ 맞춰~봐요, 맞춰~봐요 ♬"라고 노래 부르며 짧은 연필을 가리키는 시범을 보인다.
- 유아에게 교사를 모방하여 짧은 연필을 가리켜 보라고 한다.
- 모방하지 못하면 긴 연필을 가리킨 것과 같은 방법으로 지도한다.
- 수행되면 유아 스스로 짧은 연필을 가리켜 보라고 한다.
- 수행되면 긴 연필과 짧은 연필의 위치를 바꾸어 놓고 유아에게 교사의 지시에 따라 긴 것과 짧은 것을 가리켜 보라고 한다.
- 수행되면 다른 물건들도 같은 방법으로 지도한다.
- 수행되면 길이가 다른 여러 개의 물건들을 섞어 놓고 교사의 지시에 따라 긴 것과 짧은 것을 가리켜 보라고 한다.
- 수행되면 유아의 특성에 맞는 적절한 강화제를 제공한다.

방법 ❸

- 교사가 예를 들어 "긴 것은 ♬ 어디 있나? ♬ 맞춰~봐요, 맞춰~봐요 ♬"라고 노래부르며 긴 기차에 스티커를 붙이는 시범을 보인다.
- 유아에게 교사를 모방하여 긴 기차에 스티커를 붙여 보라고 한다.
- 모방하지 못하면 교사가 유아의 손을 잡고 긴 기차에 스티커를 붙여 준다.
- 교사가 긴 기차를 가리키며 유아에게 긴 기차에 스티커를 붙여 보라고 한다.
- 도움을 점차 줄여 간다.
- 수행되면 유아 스스로 긴 기차에 스티커를 붙여 보라고 한다.
- 수행되면 교사가 "짧은 것은 ♬ 어디 있나? ♬ 맞춰~봐요, 맞춰~봐요 ♬"라고 노래 부르며 짧은 자동차에 스티커를 붙이는 시범을 보인다.
- 유아에게 교사를 모방하여 짧은 자동차에 스티커를 붙여 보라고 한다.
- 모방하지 못하면 긴 기차에 스티커를 붙이는 것과 같은 방법으로 지도한다.
- 수행되면 유아 스스로 짧은 자동차에 스티커를 붙여 보라고 한다.
- 수행되면 유아에게 스티커를 제시한 후 교사의 지시에 따라 긴 기차와 짧은 자동

차에 스티커를 붙여 보라고 한다.

- 수행되면 다른 물건들도 같은 방법으로 지도한다.
- 수행되면 길이가 다른 여러 개의 물건들을 섞어 놓고 교사의 지시에 따라 긴 것과 짧은 것에 스티커를 붙여 보라고 한다.
- 수행되면 유아의 특성에 맞는 적절한 강화제를 제공한다.

☞ 긴 것과 짧은 물건에 동그라미를 하거나 색칠을 하게 하는 방법도 있다.

☞ 실제 음식으로 지도한 후 그림으로 확인하는 것이 효과적이다.

☞ "길다." "짧다." 지도 시 길이가 다른 두 개의 물건에 색(예: 긴 기차 빨간색, 작은 자동차 노란색)을 달리해서 지도한 후 같은 색으로 지도하면 쉽게 수행한다.

☞ 수행되면 그림을 가지고 동그라미를 그리게 하거나 색칠을 하게 지도하는 방법도 있다.

4~5
세

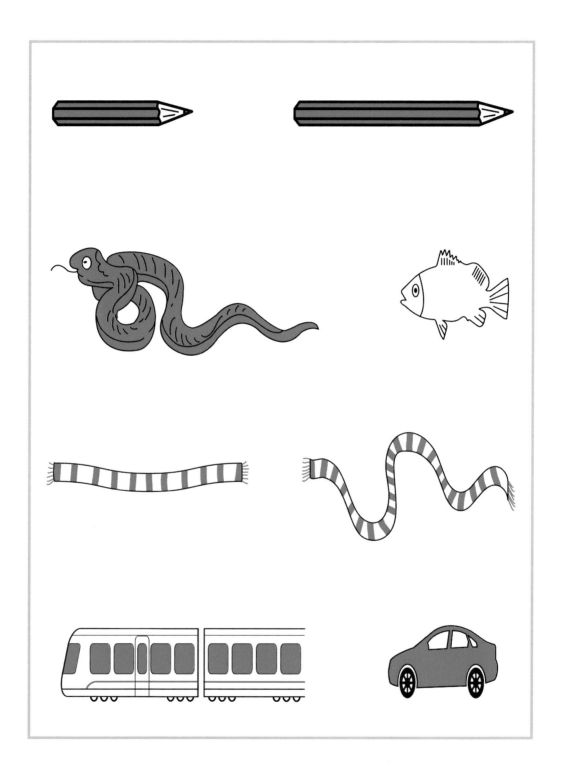

56 "뜨겁다." "차갑다." 가리키기 4~5세

목표 | '뜨거운 것'과 '차가운 것'을 가리킬 수 있다.

자료 | 뜨거운 우유와 차가운 우유 팩, 얼음 등 뜨겁고 차가운 여러 개의 물건 및 그림,
컵 두 개, 강화제

방법 ❶

• 교사가 뜨겁고 차가운 여러 개의 물건을 유아에게 설명한 후 뜨거운 것과 차가운
것을 가리키는 시범을 보인다.

• 유아에게 교사를 모방하여 뜨거운 것과 차가운 것을 가리켜 보라고 한다.

• 수행되면 교사의 지시에 따라 유아 스스로 뜨거운 것과 차가운 것을 가리켜 보라
고 한다.

• 수행되면 다른 물건들도 뜨거운 것과 차가운 것을 가리켜 보라고 한다.

• 수행되면 뜨겁고 차가운 여러 개의 물건들을 섞어 놓고 교사의 지시에 따라 뜨거
운 것과 차가운 것을 가리켜 보라고 한다.

• 수행되면 유아의 특성에 맞는 적절한 강화제를 제공한다.

방법 ❷

• 교사가 예를 들어 뜨거운 우유와 얼음을 담은 컵을 유아 앞에 제시한다.

• 교사가 뜨거운 것과 차가운 것을 설명한 후 "뜨거운 것은 무얼까? ♬ 맞춰~봐요,
맞춰~봐요 ♬"라고 노래 부르며 뜨거운 우유를 가리키는 시범을 보인다.

• 유아에게 교사를 모방하여 뜨거운 것을 가리켜 보라고 한다.

• 모방하지 못하면 교사가 유아의 손을 잡고 뜨거운 것을 가리켜 준다.

• 교사가 뜨거운 우유를 가리키며 유아에게 뜨거운 것을 가리켜 보라고 한다.

• 도움을 점차 줄여 간다.

4~5
세

- 수행되면 유아 스스로 뜨거운 것을 가리켜 보라고 한다.
- 수행되면 교사가 "차가운 것은 무얼까? ♫ 맞춰~봐요, 맞춰~봐요 ♫"라고 노래 부르며 차가운 얼음을 가리키는 시범을 보인다.
- 유아에게 교사를 모방하여 차가운 것을 가리켜 보라고 한다.
- 모방하지 못하면 뜨거운 것을 가리킨 것과 같은 방법으로 지도한다.
- 수행되면 유아 스스로 뜨거운 것을 가리켜 보라고 한다.
- 수행되면 뜨거운 우유와 얼음을 담은 컵의 위치를 바꾸어 놓고 유아에게 교사의 지시에 따라 뜨거운 것과 차가운 것을 가리켜 보라고 한다.
- 수행되면 다른 물건들도 같은 방법으로 지도한다.
- 수행되면 뜨거운 것과 차가운 여러 개의 물건들을 섞어 놓고 교사의 지시에 따라 뜨거운 것과 차가운 것을 가리켜 보라고 한다.
- 수행되면 유아의 특성에 맞는 적절한 강화제를 제공한다.

☞ 뜨거운 우유나 물은 유아의 안전을 고려해서 조심해서 사용하도록 한다. 그리고 우유 팩은 냉장고에 얼려 두었다가 사용하면 편리하다.

☞ 뜨거운 것과 차가운 것을 잘 구분하지 못하면 두 개의 컵 색(예: 빨간색 컵은 뜨거운 우유, 파란색 컵은 차가운 얼음)을 다르게 해서 지도하다가 수행되면 같은 컵 색깔로 지도하면 된다.

☞ 수행되면 일상생활(예: 교사가 뜨거운 차를 마실 때, 차가운 음료수를 마실 때 등) 속에서 '뜨거운 것'과 '차가운 것'을 지도해서 배운 것을 다른 곳에도 적용할 수 있도록 한다.

☞ 그림은 '뜨거운 것'과 '차가운 것'을 같은 것끼리 분류하도록 지도할 수 있으며, 뜨거운 것 혹은 차가운 것에 스티커를 붙이거나 색칠을 하게 지도해도 된다.

57 크기 순서대로 배열하기

목표 | 크기 순서대로 배열할 수 있다.

자료 | 크기가 다른 네 개의 블록, 과일 등의 실물이나 모형 및 그림, 연필, 강화제

방법 ❶

- 교사가 예를 들어 크기가 다른 과일 네 개를 유아 앞에 제시한 후 작은 것부터 차례대로 배열하는 순서를 설명한다.
- 교사가 크기가 다른 과일 네 개를 작은 것부터 큰 순서대로 배열하는 시범을 보인다.
- 유아에게 교사를 모방하여 과일 네 개를 작은 것부터 큰 순서대로 배열해 보라고 한다.
- 수행되면 유아 스스로 과일 네 개를 작은 것부터 큰 순서대로 배열해 보라고 한다.
- 수행되면 과일을 섞어 놓은 후 유아 스스로 작은 것부터 큰 순서대로 배열해 보라고 한다.
- 수행되면 다른 물건들도 교사의 지시에 따라 작은 것부터 큰 순서대로 배열해 보라고 한다.
- 수행되면 유아의 특성에 맞는 적절한 강화제를 제공한다.

방법 ❷

- 교사가 예를 들어 크기가 다른 블록 네 개를 제시한 후 작은 것부터 차례대로 배열하는 순서를 설명한다.
- 교사가 크기가 다른 블록 두개를 제시한 후 작은 블록부터 순서대로 배열하는 시범을 보인다.
- 유아에게 교사를 모방하여 블록 두개를 작은 것부터 순서대로 배열해 보라고 한다.

- 순서대로 배열하지 못하면 교사가 유아의 손을 잡고 블록을 순서대로 배열해 준다.
- 교사가 제일 작은 블록을 놓아 준 후 유아에게 두 번째 블록을 놓아 보라고 한다.
- 수행되면 교사가 두 개의 블록을 순서대로 가리키며 유아에게 배열해 보라고 한다.
- 도움을 점차 줄여 간다.
- 수행되면 유아 스스로 두 개의 블록을 작은 블록부터 순서대로 배열해 보라고 한다.
- 수행되면 교사가 세 개의 블록을 제시한 후 작은 블록부터 순서대로 배열하는 시범을 보인다.
- 유아에게 교사를 모방하여 블록 세 개를 작은 블록부터 순서대로 배열해 보라고 한다.
- 순서대로 배열하지 못하면 두 개의 블록을 지도한 것과 같은 방법으로 지도한다.
- 수행되면 유아 스스로 세 개의 블록을 작은 블록부터 순서대로 배열해 보라고 한다.
- 수행되면 교사가 네 개의 블록을 제시한 후 작은 블록부터 순서대로 배열하는 시범을 보인다.
- 유아에게 교사를 모방하여 블록 네 개를 작은 블록부터 순서대로 배열해 보라고 한다.
- 순서대로 배열하지 못하면 두 개의 블록을 지도한 것과 같은 방법으로 지도한다.
- 수행되면 유아 스스로 네 개의 블록을 작은 블록부터 순서대로 배열해 보라고 한다.
- 수행되면 교사가 네 개의 블록을 섞어 놓고 유아 스스로 작은 블록부터 순서대로 배열해 보라고 한다.
- 수행되면 다른 물건들도 교사의 지시에 따라 작은 것부터 큰 순서대로 배열해 보라고 한다.
- 수행되면 유아의 특성에 맞는 적절한 강화제를 제공한다.

방법 ❸
- 교사가 예를 들어 크기가 다른 블록 네 개를 제시한 후 작은 것부터 차례대로 배열하는 순서를 설명한다.

- 배열하지 못하면 교사가 작은 블록부터 크기 순서대로 세 개 배열한 후 네 번째 블록을 놓는 시범을 보인다.
- 교사가 작은 블록부터 크기 순서대로 세 개 배열한 후 유아에게 네 번째 블록을 배열해 보라고 한다.
- 배열하지 못하면 교사가 유아의 손을 잡고 세 번째 블록 뒤에 네 번째 블록을 놓아 준다.
- 교사가 네 번째 블록을 가리키며 유아에게 세 번째 블록 뒤에 놓아 보라고 한다.
- 도움을 점차 줄여 간다.
- 수행되면 유아 스스로 세 번째 블록 뒤에 네 번째 블록을 놓아 보라고 한다.
- 수행되면 교사가 작은 블록부터 크기 순서대로 두 개를 배열한 후 세 번째와 네 번째 블록을 배열하는 시범을 보인다.
- 교사가 작은 블록부터 크기 순서대로 두 개를 배열한 후 유아에게 세 번째와 네 번째 블록을 배열해 보라고 한다.
- 배열하지 못하면 교사가 유아의 손을 잡고 두 번째 블록 뒤에 세 번째와 네 번째 블록을 배열해 준다.
- 교사가 세 번째와 네 번째 블록을 가리키며 유아에게 두 번째 블록 뒤에 놓아 보라고 한다.
- 도움을 점차 줄여 간다.
- 수행되면 유아 스스로 두 번째 블록 뒤에 세 번째와 네 번째 블록을 배열해 보라고 한다.
- 수행되면 교사가 제일 작은 블록을 제시한 후 나머지 블록을 크기 순서대로 배열하는 시범을 보인다.
- 교사가 제일 작은 블록을 제시한 후 유아에게 나머지 블록을 크기 순서대로 배열해 보라고 한다.
- 배열하지 못하면 세 번째와 네 번째 블록을 배열한 것과 같은 방법으로 지도한다.
- 수행되면 유아 스스로 제일 작은 블록 뒤에 나머지 블록을 크기 순서대로 배열해

보라고 한다.

- 수행되면 교사가 크기가 다른 블록 네 개를 제시한 후 작은 블록부터 순서대로 배열하는 시범을 보인다.
- 유아에게 교사를 모방하여 블록 네 개를 작은 블록부터 순서대로 배열해 보라고 한다.
- 배열하지 못하면 세 번째와 네 번째 블록을 배열한 것과 같은 방법으로 지도한다.
- 수행되면 교사가 네 개의 블록을 제시한 후 유아 스스로 크기 순서대로 배열해 보라고 한다.
- 수행되면 유아의 특성에 맞는 적절한 강화제를 제공한다.

방법 ❹

- 교사가 예를 들어 크기가 다른 의자 네 개를 작은 것부터 크기 순서대로 배열한 후 교사가 제일 작은 의자에 앉는 시범을 보인다.
- 유아에게 교사를 모방하여 제일 작은 의자에 앉아 보라고 한다.
- 앉지 못하면 교사가 유아의 손을 잡고 제일 작은 의자에 앉혀 준다.
- 교사가 제일 작은 의자를 가리키며 유아에게 제일 작은 의자에 앉아 보라고 한다.
- 도움을 점차 줄여 간다.
- 수행되면 유아 스스로 제일 작은 의자에 앉아 보라고 한다.
- 수행되면 의자의 위치를 바꾸어 놓은 후 제일 작은 의자에 앉아 보라고 한다.
- 수행되면 교사가 두 번째로 큰 의자에 앉는 시범을 보인다.
- 유아에게 교사를 모방하여 두 번째로 큰 의자에 앉아 보라고 한다.
- 앉지 못하면 제일 작은 의자에 앉는 것과 같은 방법으로 지도한다.
- 수행되면 유아 스스로 두 번째로 큰 의자에 앉아 보라고 한다.
- 수행되면 의자의 위치를 바꾸어 놓은 후 교사의 지시에 따라 제일 작은 의자와 두 번째로 큰 의자에 앉아 보라고 한다.
- 수행되면 교사가 세 번째로 큰 의자에 앉는 시범을 보인다.

- 유아에게 교사를 모방하여 세 번째로 큰 의자에 앉아 보라고 한다.
- 앉지 못하면 두 번째로 큰 의자에 앉는 것과 같은 방법으로 지도한다.
- 수행되면 유아 스스로 세 번째로 큰 의자에 앉아 보라고 한다.
- 수행되면 교사가 제일 큰 의자에 앉는 시범을 보인다.
- 유아에게 교사를 모방하여 제일 큰 의자에 앉아 보라고 한다.
- 앉지 못하면 두 번째로 큰 의자에 앉는 것과 같은 방법으로 지도한다.
- 수행되면 유아 스스로 제일 큰 의자에 앉아 보라고 한다.
- 수행되면 의자의 위치를 바꾸어 놓은 후 교사의 지시에 따라 각각의 의자에 앉아 보라고 한다.
- 수행되면 유아의 특성에 맞는 적절한 강화제를 제공한다.

☞ 처음 지도 시에는 네 개의 물건 색(예: 제일 작은 상자는 빨간색, 두 번째 큰 상자는 파란색, 세 번째 큰 상자는 검정색, 제일 큰 상자는 노란 색)을 각기 달리하여 지도하면 유아가 빠르게 습득할 수 있다. 그러나 색이 단서가 되어 수행할 수 있으므로 반드시 네 개의 물건을 동일한 색으로 준비하여 수행 여부를 확인해야 한다.

☞ 방법 ❸은 후진법(뒤에서부터 수행해 나감)으로 방법 ❷의 점진법(앞에서부터 순서대로 수행해 나감) 보다 유아가 성취감을 쉽게 느낄 수 있어 일반적으로 발달지체 및 장애 영유아에게는 후진법을 많이 적용한다. 그러나 영유아의 특성을 고려하여 적용하는 것이 바람직하므로 참고하기 바란다.

☞ 방법 ❹는 교사와 유아가 누가 먼저 작은 의자, 혹은 큰 의자에 앉는지 게임을 하면서 지도하면 놀이식으로 자연스럽게 크기 순서를 습득할 수 있다.

☞ 수행되면 같은 방법으로 크기가 다른 물건을 5~6개까지 배열하도록 지도할 수 있다.

☞ 숫자를 쓸 수 있는 유아는 그림을 제시한 후 작은 것부터 순서대로 숫자를 쓰도록 지도해도 된다.

☞ 교구로 제작하여 사용하면 크기의 순서를 다양하게 바꾸어 확인할 수 있기 때문에 편리하고 유아도 흥미로워한다. 하드보드지에 보슬이를 붙이고 각 그림 뒤에는 까슬이를 붙여, 붙였다 뗐다 할 수 있도록 제작하면 된다. 하드보드지는 시중 문방구에서 쉽게 구입할 수 있다.

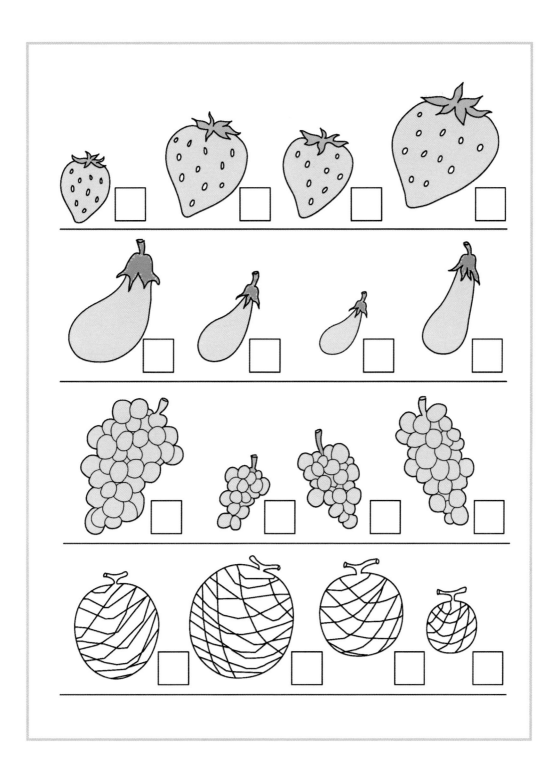

58 상황에 맞는 얼굴 표정 찾기 `4~5세`

목표 | 상황에 맞는 얼굴 표정을 찾을 수 있다.
자료 | 여러 가지 상황 그림, 다양한 얼굴 표정 그림, 풀, 가위, 강화제

방법 ❶
- 교사가 여러 가지 상황 그림을 제시한 후 상황에 맞는 얼굴 표정을 찾는 시범을 보인다.
- 유아에게 교사를 모방하여 여러 가지 상황에 맞는 얼굴 표정을 찾아보라고 한다.
- 수행되면 교사의 지시에 따라 유아 스스로 여러 가지 상황에 맞는 얼굴 표정을 찾아보라고 한다.
- 수행되면 유아의 특성에 맞는 적절한 강화제를 제공한다.

방법 ❷
- 교사가 예를 들어 선물을 받는 상황, 돌부리에 걸려서 넘어진 상황, 재미있는 텔레비전을 보는 상황 등과 각각의 얼굴 표정을 제시한 후 각 상황에 맞는 표정을 설명해 준다.
- 교사가 각 상황에 맞는 얼굴 표정을 찾는 시범을 보인다.
- 유아에게 교사를 모방하여 여러 가지 상황에 맞는 얼굴 표정을 각각 찾아보라고 한다.
- 찾지 못하면 교사가 예를 들어 선물을 받는 상황의 그림을 제시한 후 웃는 표정을 찾는 시범을 보인다.
- 유아에게 웃는 얼굴과 우는 얼굴을 제시한 후 교사를 모방하여 선물을 받는 상황에 맞는 얼굴 표정을 찾아보라고 한다.
- 찾지 못하면 교사가 유아의 손을 잡고 웃는 얼굴을 찾아 준다.

- 교사가 웃는 얼굴을 가리키며 유아에게 선물을 받는 상황에 맞는 얼굴을 찾아보라고 한다.
- 도움을 점차 줄여 간다.
- 수행되면 유아 스스로 선물을 받는 상황에 맞는 얼굴 표정을 찾아보라고 한다.
- 수행되면 교사가 예를 들어 돌부리에 걸려서 넘어진 상황의 그림을 제시한 후 우는 표정을 찾는 시범을 보인다.
- 유아에게 웃는 얼굴과 우는 얼굴을 제시한 후 교사를 모방하여 돌부리에 걸려서 넘어진 상황에 맞는 얼굴 표정을 찾아보라고 한다.
- 찾지 못하면 선물을 받는 상황의 표정을 지도한 것과 같은 방법으로 지도한다.
- 수행되면 유아 스스로 돌부리에 걸려서 넘어진 상황에 맞는 얼굴 표정을 찾아보라고 한다.
- 수행되면 선물을 받는 상황, 돌부리에 걸려서 넘어진 상황과 웃는 얼굴, 우는 얼굴을 제시한 후 각 상황에 맞는 얼굴 표정을 찾아보라고 한다.
- 수행되면 선물을 받는 상황, 돌부리에 걸려서 넘어진 상황과 웃는 얼굴, 우는 얼굴, 화난 얼굴을 제시한 후 각 상황에 맞는 얼굴 표정을 찾아보라고 한다.
- 수행되면 다른 여러 가지 상황에 맞는 얼굴 표정을 지도하는 것도 같은 방법으로 지도한다.
- 수행되면 교사의 지시에 따라 유아 스스로 여러 가지 상황에 맞는 얼굴 표정을 찾아보라고 한다.
- 수행되면 유아의 특성에 맞는 적절한 강화제를 제공한다.

☞ 지도 시 교사가 실제 표정을 보여 주면서 그림과 같이 지도하면 효과적이다.

☞ 교사가 얼굴 표정을 미리 오려 놓은 후 각 상황에 맞는 얼굴 표정을 붙이게 지도할 수도 있다. 풀을 칠하지 못하는 경우, 유아가 얼굴 표정을 가리키면 교사가 풀을 칠해 준 후 붙이게 하거나 얼굴 표정을 붙일 자리에 미리 풀칠을 해 두어도 된다.

4~5
세

☞ 교구로 제작하여 사용하면 편리하고 유아도 흥미로워한다. 하드보드지에 여러 가지 상황 그림을 붙인 후 얼굴 표정을 붙일 자리에 보슬이를 붙이고 각 그림 뒤에는 까슬이를 붙여, 붙였다 뗐다 할 수 있도록 제작하면 된다. 하드보드지는 시중 문방구에서 쉽게 구입할 수 있다. 제작하기가 어려울 경우 그림만 오려서 사용해도 무방하다.

59 큰 소리와 작은 소리 구별하기 4~5세

목표 ┃ 큰 소리와 작은 소리를 구별할 수 있다.
자료 ┃ 큰 소리와 작은 소리를 낼 수 있는 다양한 물건, 소리상자 교구, 강화제

방법 ❶

- 교사가 큰 북소리를 들려주면서 "소리가 커요.", 작은 북소리를 들려주면서 "소리가 작아요."라고 말하며, 예를 들어 큰 소리가 들릴 때는 손을 들고 작은 소리가 들릴 때는 고개를 흔드는 시범을 보인다.
- 유아에게 큰 소리와 작은 소리를 들려주면서 교사를 모방하여 큰 소리가 들릴 때는 손을 들고 작은 소리가 들릴 때는 고개를 흔들어 보라고 한다.
- 수행되면 유아에게 큰 소리와 작은 소리를 들려주면서 유아에게 교사의 지시에 따라 큰 소리가 들릴 때는 손을 들고 작은 소리가 들릴 때는 고개를 흔들어 보라고 한다.
- 수행되면 유아의 특성에 맞는 적절한 강화제를 제공한다.

방법 ❷

- 교사가 큰 북소리를 들려주면서 "소리가 커요.", 작은 북소리를 들려주면서 "소리가 작아요."라고 말하며, 예를 들어 큰 소리가 들릴 때는 손을 드는 시범을 보인다.
- 유아에게 큰 소리와 작은 소리를 들려주면서 교사를 모방하여 큰 소리가 들릴 때는 손을 들어 보라고 한다.
- 손을 들지 못하면 교사가 큰 소리를 들려준 후 유아의 손을 잡고 손을 들어 준다.
- 큰 소리와 작은 소리를 들려주면서 큰 소리를 들려줄 때 교사가 유아에게 손을 들어 보라고 말해 준다.
- 도움을 점차 줄여 간다.

- 수행되면 큰 소리와 작은 소리를 들려주면서 큰 소리가 날 때 유아 스스로 손을 들어 보라고 한다.
- 수행되면 교사가 큰 북소리를 들려주면서 "소리가 커요.", 작은 북소리를 들려주면서 "소리가 작아요."라고 말하며, 예를 들어 작은 소리가 들릴 때는 고개를 흔드는 시범을 보인다.
- 유아에게 큰 소리와 작은 소리를 들려주면서 교사를 모방하여 작은 소리가 들릴 때는 고개를 흔들어 보라고 한다.
- 고개를 흔들지 못하면 큰 소리가 들릴 때 손을 드는 것과 같은 방법으로 지도한다.
- 수행되면 큰 소리와 작은 소리를 들려주면서 작은 소리가 날 때 유아 스스로 고개를 흔들어 보라고 한다.
- 수행되면 유아에게 큰 소리와 작은 소리를 들려주면서 유아에게 교사의 지시에 따라 큰 소리가 들릴 때는 손을 들고 작은 소리가 들릴 때는 고개를 흔들어 보라고 한다.
- 수행되면 유아의 특성에 맞는 적절한 강화제를 제공한다.

방법 ❸

- 교사가 예를 들어 큰 북소리를 들려준 후 "소리가 커요.", 작은 북소리를 들려준 후 "소리가 작아요."라고 말하며 큰 소리 나는 것을 가리키는 시범을 보인다.
- 유아에게 교사를 모방하여 큰 소리 나는 것을 가리켜 보라고 한다.
- 가리키지 못하면 교사가 유아의 손을 잡고 큰 소리 나는 것을 가리켜 준다.
- 교사가 큰 소리 나는 것을 가리키며 유아에게 큰 소리 나는 것을 가리켜 보라고 한다.
- 도움을 점차 줄여 간다.
- 수행되면 유아 스스로 큰 소리 나는 것을 가리켜 보라고 한다.
- 수행되면 교사가 큰 북 소리를 들려준 후 "소리가 커요.", 작은 북소리를 들려준 후 "소리가 작아요."라고 말하며 작은 소리 나는 것을 가리키는 시범을 보인다.

4~5
세

- 유아에게 교사를 모방하여 작은 소리 나는 것을 가리켜 보라고 한다.
- 가리키지 못하면 교사가 유아의 손을 잡고 작은 소리 나는 것을 가리켜 준다.
- 교사가 작은 소리 나는 것을 가리키며 유아에게 작은 소리 나는 것을 가리켜 보라고 한다.
- 도움을 점차 줄여 간다.
- 수행되면 유아 스스로 작은 소리 나는 것을 가리켜 보라고 한다.
- 수행되면 다른 물건들도 같은 방법으로 지도한 후 유아에게 교사의 지시에 따라 큰 소리와 작은 소리를 가리켜 보라고 한다.
- 수행되면 유아의 특성에 맞는 적절한 강화제를 제공한다.

☞ 큰 소리가 들릴 때는 손을 들고 작은 소리가 들릴 때는 고개를 흔드는 것은 예시이므로 유아의 특성에 따라 더 적절한 방법을 사용하는 것이 효과적이다.

☞ 큰 소리와 작은 소리가 녹음된 CD나 집에서 쉽게 구할 수 있는 양은 양푼이(스테인리스 그릇)와 플라스틱 그릇(통)을 가지고 지도해도 된다.

☞ 주 목적이 큰 소리 나는 물건과 작은 소리 나는 물건을 가리키는 것이 아니라 큰 소리와 작은 소리를 구별하는 것이므로 방법 ❸은 방법 ❷를 어려워할 경우에만 예외적으로 적용시켜 지도하도록 한다.

60 가구 가리키기   4~5세

목표 | 가구를 가리킬 수 있다.
자료 | 다양한 가구의 실물 및 그림, 강화제

방법 ❶

- 교사가 유아를 데리고 각 가구가 비치되어 있는 장소를 다니며 각 가구의 이름을 말해 준 후 각 가구를 가리키는 시범을 보인다.
- 교사가 가구의 이름을 말해 줄 때 유아에게 교사를 모방하여 각 가구를 가리켜 보라고 한다.
- 수행되면 교사가 각 가구의 이름을 말해 줄 때 유아 스스로 각 가구를 가리켜 보라고 한다.
- 수행되면 유아의 특성에 맞는 적절한 강화제를 제공한다.

방법 ❷

- 교사가 유아를 데리고 각 가구가 비치되어 있는 장소를 다니며 각 가구의 이름을 말해 준 후, 예를 들어 "침대는 ♫ 어디 있나 ♫ 여~기 ♫"라고 노래 부르며 침대를 가리키는 시범을 보인다.
- 교사가 침대 이름을 말해 줄 때 유아에게 교사를 모방하여 침대를 가리켜 보라고 한다.
- 가리키지 못하면 교사가 유아의 손을 잡고 침대를 가리켜 준다.
- 교사가 침대를 가리키며 유아에게 침대를 가리켜 보라고 한다.
- 도움을 점차 줄여 간다.
- 수행되면 교사가 침대의 이름을 말해 줄 때 유아 스스로 침대를 가리켜 보라고 한다.
- 수행되면 교사가 "식탁은 ♫ 어디 있나 ♫ 여~기 ♫"라고 노래 부르며 식탁을 가리키는 시범을 보인다.
- 교사가 식탁 이름을 말해 줄 때 유아에게 교사를 모방하여 식탁을 가리켜 보라고 한다.
- 가리키지 못하면 침대를 지도한 것과 같은 방법으로 지도한다.
- 수행되면 교사가 침대와 식탁 이름을 말해 줄 때 유아 스스로 침대와 식탁을 가리켜 보라고 한다.

4~5
세

• 수행되면 나머지 가구들도 같은 방법으로 지도한다.
• 수행되면 교사가 각 가구의 이름을 말해 줄 때 유아 스스로 각 가구를 가리켜 보라고 한다.
• 수행되면 유아의 특성에 맞는 적절한 강화제를 제공한다.

☞ 수행되면 그림으로 확인해 보도록 한다.

61 **"가볍다." "무겁다." 가리키기** 4~5세

목표 | 가벼운 것과 무거운 것을 가리킬 수 있다.
자료 | 가볍고 무거운 여러 개의 물건 및 그림, 강화제

방법 ❶

- 교사가 무겁고 가벼운 여러 개의 물건을 유아에게 설명한 후 무거운 것과 가벼운 것을 가리키는 시범을 보인다.
- 유아에게 교사를 모방하여 무거운 것과 가벼운 것을 가리켜 보라고 한다.
- 수행되면 교사의 지시에 따라 유아 스스로 무거운 것과 가벼운 것을 가리켜 보라고 한다.
- 수행되면 다른 물건들도 무거운 것과 가벼운 것을 가리켜 보라고 한다.
- 수행되면 무겁고 가벼운 여러 개의 물건들을 섞어 놓고 교사의 지시에 따라 무거운 것과 가벼운 것을 가리켜 보라고 한다.
- 수행되면 유아의 특성에 맞는 적절한 강화제를 제공한다.

방법 ❷

- 교사가 예를 들어 무거운 블록과 가벼운 블록을 유아 앞에 제시한다.
- 교사가 무거운 것과 가벼운 것을 설명한 후 "무거운 것은 무얼까? ♬ 맞춰~봐요, 맞춰~봐요 ♬"라고 노래 부르며 무거운 블록을 가리키는 시범을 보인다.
- 유아에게 교사를 모방하여 무거운 것을 가리켜 보라고 한다.
- 모방하지 못하면 교사가 유아의 손을 잡고 무거운 것을 가리켜 준다.
- 교사가 무거운 블록을 가리키며 유아에게 무거운 것을 가리켜 보라고 한다.
- 도움을 점차 줄여 간다.
- 수행되면 유아 스스로 무거운 것을 가리켜 보라고 한다.

- 수행되면 교사가 "가벼운 것은 무얼까? ♬ 맞춰~봐요, 맞춰~봐요 ♬"라고 노래 부르며 가벼운 블록을 가리키는 시범을 보인다.
- 유아에게 교사를 모방하여 가벼운 것을 가리켜 보라고 한다.
- 모방하지 못하면 무거운 것을 가리킨 것과 같은 방법으로 지도한다.
- 수행되면 유아 스스로 가벼운 것을 가리켜 보라고 한다.
- 수행되면 무거운 블록과 가벼운 블록의 위치를 바꾸어 놓고 유아에게 교사의 지시에 따라 무거운 것과 가벼운 것을 가리켜 보라고 한다.
- 수행되면 다른 물건들도 같은 방법으로 지도한다.
- 수행되면 무거운 것과 가벼운 여러 개의 물건들을 섞어 놓고 교사의 지시에 따라 무거운 것과 가벼운 것을 가리켜 보라고 한다.
- 수행되면 유아의 특성에 맞는 적절한 강화제를 제공한다.

☞ "가볍다." "무겁다." 지도 시 무거운 것과 가벼운 것의 물체 색깔을 달리해서 지도하면 색깔이 단서가 되어 수행되는 경우가 발생하므로 가능하면 가벼운 것과 무거운 것의 물체 색깔(예: 비어 있는 500㎖ 우유 팩, 모래가 가득 담긴 500㎖ 우유 팩)을 같이 해서 반드시 확인하도록 한다.

☞ 처음 지도 시에는 무게의 차이를 많이 나게 하다가 점차 차이를 줄여 지도하면 효과적이다.

4~5
세

62 '위' '아래' 가리키기

4～5세

목표 | 위와 아래를 가리킬 수 있다.

자료 | 인형, 장난감, 책상, 상자 등, 위·아래와 관련된 그림, 강화제

방법 ❶

- 교사가 예를 들어 책상(상자) 위에는 인형을 놓고 아래에는 장난감을 놓은 후 '위'와 '아래'를 각각 가리키는 시범을 보인다.
- 유아에게 교사를 모방하여 책상 '위'와 '아래'를 가리켜 보라고 한다.
- 수행되면 교사의 지시에 따라 유아 스스로 '위'와 '아래'를 가리켜 보라고 한다.
- 수행되면 교사가 다른 물건들도 제시한 후 '위'와 '아래'를 가리켜 보라고 한다.
- 수행되면 유아의 특성에 맞는 적절한 강화제를 제공한다.

방법 ❷

- 교사가 예를 들어 책상(상자) 위에는 인형을 놓고 아래에는 장난감을 놓는다.
- 교사가 위에 있는 것과 아래에 놓인 것을 설명한 후 '위'와 '아래'를 각각 가리키는 시범을 보인다.
- 유아에게 교사를 모방하여 책상 '위'와 '아래'를 가리켜 보라고 한다.
- 가리키지 못하면 교사가 "책상 위~를 ♬ 가리켜 봐~요 ♬ 가리켜~봐요 ♬"라고 노래 부르며 책상 '위'를 가리키는 시범을 보인다.
- 유아에게 교사를 모방하여 책상 '위'를 가리켜 보라고 한다.
- 가리키지 못하면 교사가 유아의 손을 잡고 책상 '위'를 가리켜 준다.
- 교사가 책상 위에 있는 인형을 가리키며 유아에게 책상 '위'를 가리켜 보라고 한다.
- 도움을 점차 줄여 간다.
- 수행되면 유아 스스로 책상 '위'를 가리켜 보라고 한다.

4～5세

- 수행되면 교사가 "책상 아~래를 ♬ 가리켜 봐~요 ♬ 가리켜~봐요 ♬"라고 노래 부르며 책상 '아래'를 가리키는 시범을 보인다.
- 유아에게 교사를 모방하여 책상 '아래'를 가리켜 보라고 한다.
- 가리키지 못하면 책상 '위'를 가리킨 것과 같은 방법으로 지도한다.
- 수행되면 유아 스스로 책상 '아래'를 가리켜 보라고 한다.
- 수행되면 교사의 지시에 따라 유아에게 책상 '위'와 '아래'를 가리켜 보라고 한다.
- 수행되면 다른 물건들도 교사의 지시에 따라 '위'와 '아래'를 가리켜 보라고 한다.
- 수행되면 유아의 특성에 맞는 적절한 강화제를 제공한다.

☞ 책상 그림이나 소파 그림 등을 제시한 후 유아에게 각 물건의 '위'와 '아래'에 도장을 찍어 보라고 해도 된다. 시판되고 있는 도장은 찍으면 과일이나 동물 모양이 찍히는 등 다양한 모양으로 도장을 찍을 수 있어 유아들이 매우 흥미로워한다.

다음 그림을 보고 위 또는 아래에 있는 것에 ○표 하세요.

 **교통수단 구별하기**   4~5세

목표 ┃ 교통수단을 구별할 수 있다.

자료 ┃ 다양한 교통수단(예: 자동차, 기차, 버스 등)의 모형 및 그림, 강화제

방법 ❶

- 교사가 다양한 교통수단을 설명한 후 각 교통수단을 가리키는 시범을 보인다.
- 유아에게 교사를 모방하여 다양한 교통수단을 가리켜 보라고 한다.
- 수행되면 교사의 지시에 따라 유아 스스로 다양한 교통수단을 가리켜 보라고 한다.
- 수행되면 다양한 교통수단의 모형을 섞어 놓고 교사의 지시에 따라 각각 가리켜 보라고 한다.
- 수행되면 유아의 특성에 맞는 적절한 강화제를 제공한다.

방법 ❷

- 교사가 다양한 교통수단의 이름을 말해 준 후 각각의 교통수단을 가리키는 시범을 보인다.
- 교사가 각 교통수단의 이름을 말해 주면 유아가 교사를 모방하여 각각의 교통수단을 가리켜 보라고 한다.
- 가리키지 못하면 교사가 예를 들어 "자동차."라고 말해 준 후 '자동차'를 가리키는 시범을 보인다.
- 교사가 "자동차."라고 말해 주면 유아가 교사를 모방하여 '자동차'를 가리켜 보라고 한다.
- 가리키지 못하면 교사가 유아의 손을 잡고 '자동차'를 가리켜 준다.
- 교사가 '자동차'를 가리키며 유아에게 '자동차'를 가리켜 보라고 한다.
- 도움을 점차 줄여 간다.

- 수행되면 교사가 '자동차'를 가리켜 보라고 할 때 유아 스스로 '자동차'를 가리키게 한다.
- 수행되면 교사가 "기차."라고 말해 준 후 '기차'를 가리키는 시범을 보인다.
- 유아에게 교사를 모방하여 '기차'를 가리켜 보라고 한다.
- 가리키지 못하면 교사가 유아의 손을 잡고 '기차'를 가리켜 준다.
- 교사가 '기차'를 가리키며 유아에게 '기차'를 가리켜 보라고 한다.
- 도움을 점차 줄여 간다.
- 수행되면 교사가 '기차'를 가리켜 보라고 할 때 유아 스스로 '기차'를 가리키게 한다.
- 수행되면 '자동차'와 '기차'의 위치를 바꾸어 놓고 교사의 지시에 따라 유아에게 '자동차'와 '기차'를 가리켜 보라고 한다.
- 수행되면 다른 교통수단들도 같은 방법으로 지도한다.
- 수행되면 다양한 교통수단의 모형을 섞어 놓고 교사의 지시에 따라 각각 가리켜 보라고 한다.
- 수행되면 유아의 특성에 맞는 적절한 강화제를 제공한다.

방법 ❸
- 교사가 예를 들어 '자전거'와 '비행기'를 제시한 후 '자전거'에 스티커를 붙이는 시범을 보인다.
- 유아에게 교사를 모방하여 '자전거'에 스티커를 붙여 보라고 한다.
- 붙이지 못하면 교사가 유아의 손을 잡고 '자전거'에 스티커를 붙여 준다.
- 교사가 '자전거'를 가리키며 유아에게 '자전거'에 스티커를 붙여 보라고 한다.
- 도움을 점차 줄여 간다.
- 수행되면 교사가 '자전거'와 '비행기'를 제시한 후 유아 스스로 '자전거'에 스티커를 붙여 보라고 한다.
- 수행되면 교사가 "비행기."라고 말해 준 후 '비행기'에 스티커를 붙이는 시범을 보인다.

4~5
세

- 유아에게 교사를 모방하여 '비행기'에 스티커를 붙여 보라고 한다.
- 붙이지 못하면 교사가 유아의 손을 잡고 '비행기'에 스티커를 붙여 준다.
- 교사가 '비행기'를 가리키며 유아에게 '비행기'에 스티커를 붙여 보라고 한다.
- 도움을 점차 줄여 간다.
- 수행되면 교사가 '자전거'와 '비행기'를 제시한 후 유아 스스로 '비행기'에 스티커를 붙여 보라고 한다.
- 수행되면 '자전거'와 '비행기'의 위치를 바꾸어 놓고 교사의 지시에 따라 유아에게 '자전거'와 '비행기'에 각각 스티커를 붙여 보라고 한다.
- 수행되면 다른 교통수단들도 같은 방법으로 지도한다.
- 수행되면 다양한 교통수단의 모형을 섞어 놓고 교사의 지시에 따라 각각 가리켜 보라고 한다.
- 수행되면 유아의 특성에 맞는 적절한 강화제를 제공한다.

☞ 교사가 이름을 말해 줄 때 각 교통수단에 스티커를 붙이게 하거나 도장 찍기를 하면 유아가 재미있게 교통수단을 습득할 수 있다.

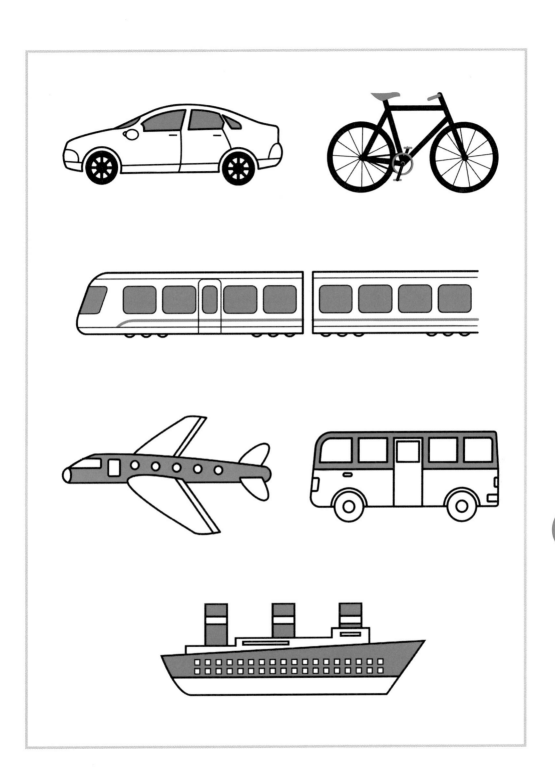

소리 듣고 물건 및 동물 가리키기 4~5세

목표 | 소리 나는 물건 및 동물을 가리킬 수 있다.

자료 | 다양한 소리가 녹음된 CD, 카세트, 동물의 모형과 물건의 실물 및 그림, 강화제

방법 ❶

- 교사가 다양한 소리가 녹음된 카세트 및 여러 가지 동물의 모형과 물건의 실물을 제시한다.
- 교사가 각각의 소리를 들려주며 이름을 말해 준 후 각 소리를 내는 동물 및 물건을 가리키는 시범을 보인다.
- 유아에게 각각의 소리를 들려준 후 교사를 모방하여 각 소리를 내는 동물 및 물건을 가리켜 보라고 한다.
- 수행되면 교사가 각각의 소리를 들려줄 때 유아 스스로 각 소리를 내는 동물 및 물건을 가리켜 보라고 한다.
- 수행되면 유아의 특성에 맞는 적절한 강화제를 제공한다.

방법 ❷

- 교사가 다양한 소리가 녹음된 카세트 및 여러 가지 동물의 모형과 물건의 실물을 제시한다.
- 교사가 예를 들어 "멍멍." 소리를 들려준 후 강아지를 가리키는 시범을 보인다.
- 유아에게 "멍멍." 소리를 들려준 후 교사를 모방하여 '멍멍' 소리를 내는 동물을 가리켜 보라고 한다.
- 가리키지 못하면 교사가 유아의 손을 잡고 강아지를 가리켜 준다.
- 교사가 강아지를 가리키며 유아에게 가리켜 보라고 한다.
- 도움을 점차 줄여 간다.

- 수행되면 교사가 "멍멍." 소리를 들려준 후 유아 스스로 강아지를 가리켜 보라고 한다.
- 수행되면 교사가 예를 들어 고양이 그림(모형)과 전화기 그림(실물 또는 모형)을 유아에게 제시한다.
- 교사가 "야옹 야옹." 소리를 들려준 후 고양이를 가리키는 시범을 보인다.
- 유아에게 "야옹 야옹." 소리를 들려준 후 교사를 모방하여 '야옹 야옹' 소리를 내는 동물을 가리켜 보라고 한다.
- 가리키지 못하면 강아지를 지도한 것과 같은 방법으로 지도한다.
- 수행되면 강아지와 고양이 그림의 위치를 바꾸어 제시한 후 각각의 소리에 맞는 동물을 가리켜 보라고 한다.
- 수행되면 다른 동물이나 물건들도 같은 방법으로 지도한다.
- 수행되면 교사가 각각의 소리를 들려줄 때 유아 스스로 각 소리를 내는 동물 및 물건을 가리켜 보라고 한다.
- 수행되면 유아의 특성에 맞는 적절한 강화제를 제공한다.

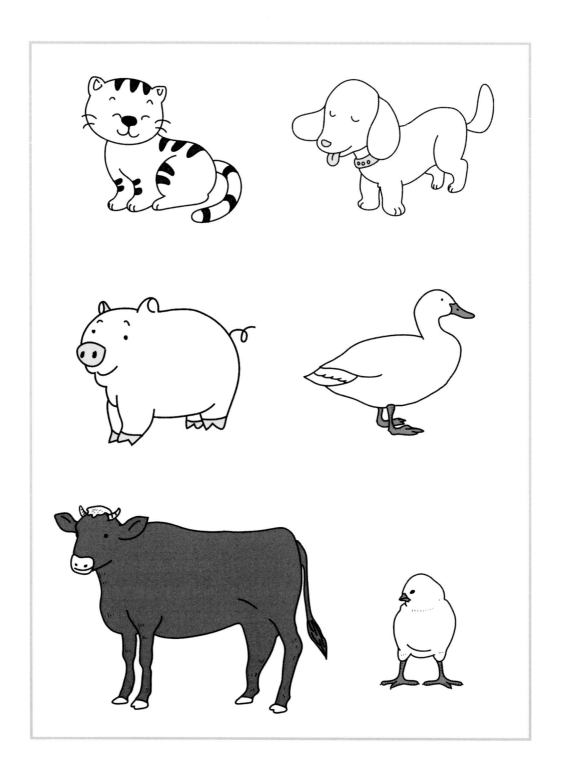

65 관련된 세 가지 지시 따르기　　4~5세

목표 ┃ 관련된 세 가지 지시를 따를 수 있다.
자료 ┃ 컵, 모자, 신발 등, 강화제

방법 ❶

- 교사가 예를 들어 "컵에 우유를 따라 의자에 앉아서 우유를 마셔요."라고 한 후 컵에 우유를 따라 의자에 앉아서 우유를 마시는 시범을 보인다.
- 유아에게 교사를 모방하여 컵에 우유를 따라 의자에 앉아서 우유를 마셔 보라고 한다.
- 수행되면 교사가 "컵에 우유를 따라 의자에 앉아서 우유를 마셔요."라고 할 때 유아 스스로 지시를 따른다.
- 수행되면 다른 관련된 세 가지 지시를 따를 수 있는지 확인한다.
- 수행되면 유아의 특성에 맞는 적절한 강화제를 제공한다.

방법 ❷

- 교사가 예를 들어 "동화책을 책상 위에 놓고 의자에 앉아서 동화책을 봐요."라고 한 후 동화책을 책상 위에 놓고 의자에 앉아서 동화책을 보는 시범을 보인다.
- 유아에게 교사를 모방하여 동화책을 책상 위에 놓고 의자에 앉아서 동화책을 보라고 한다.
- 모방하지 못하면 교사가 동화책을 책상 위에 놓는 시범을 보인다.
- 유아에게 교사를 모방하여 동화책을 책상 위에 놓아 보라고 한다.
- 놓지 못하면 교사가 유아의 손을 잡고 동화책을 책상 위에 놓아 준다.
- 교사가 유아에게 동화책을 준 후 책상 위에 놓아 보라고 한다.
- 수행되면 교사가 동화책을 가리키며 책상 위에 놓아 보라고 한다.
- 도움을 점차 줄여 간다.
- 수행되면 유아 스스로 동화책을 책상 위에 놓아 보라고 한다.

- 수행되면 교사가 동화책을 책상 위에 놓고 의자에 앉는 시범을 보인다.
- 유아에게 교사를 모방하여 동화책을 책상 위에 놓고 의자에 앉아 보라고 한다.
- 의자에 앉지 못하면 동화책을 책상 위에 놓는 것과 같은 방법으로 지도한다.
- 수행되면 교사가 "동화책을 책상 위에 놓고, 의자에 앉아요."라고 할 때 유아 스스로 교사의 지시에 따르라고 한다.
- 수행되면 교사가 의자에 앉아서 동화책을 보는 시범을 보인다.
- 유아에게 교사를 모방하여 의자에 앉아서 동화책을 보라고 한다.
- 모방하지 못하면 동화책을 책상 위에 놓고 의자에 앉는 것과 같은 방법으로 지도한다.
- 수행되면 교사가 동화책을 책상 위에 놓고 의자에 앉아서 동화책을 보라고 할 때 유아 스스로 교사의 지시를 따르라고 한다.
- 수행되면 유아의 특성에 맞는 적절한 강화제를 제공한다.

☞ 수행되면 예를 들어 "모자를 가지고 와서, 의자에 앉아서, 모자를 써요." "공을 바닥에 놓고 찬 후, 공을 가져오세요." "우유를 컵에 따라서 마신 후 컵을 싱크대에 갖다 놓아요." 등의 지시를 지도한다.

66 '안' '밖' 가리키기 4~5세

목표 | '안'과 '밖'을 가리킬 수 있다.
자료 | 상자, 바구니, 사탕, 인형, 컵 등 안·밖과 관련된 그림, 강화제

방법 ❶
- 교사가 예를 들어 상자 '안'에는 사탕을 놓고 '밖'에는 인형을 놓은 후 상자 '안'과 '밖'을 각각 가리키는 시범을 보인다.
- 유아에게 교사를 모방하여 상자 '안'과 '밖'을 가리켜 보라고 한다.

- 수행되면 교사의 지시에 따라 유아 스스로 상자 '안'과 '밖'을 가리켜 보라고 한다.
- 수행되면 교사가 다른 물건들도 제시한 후 안'과 '밖'을 가리켜 보라고 한다.
- 수행되면 유아의 특성에 맞는 적절한 강화제를 제공한다.

방법 ❷

- 교사가 예를 들어 상자 '안'에는 사탕을 놓고 '밖'에는 인형을 놓은 후 상자 '안'과 '밖'을 각각 가리키는 시범을 보인다.
- 유아에게 교사를 모방하여 상자 '안'과 '밖'을 가리켜 보라고 한다.
- 가리키지 못하면 교사가 "상자 안~을 ♬ 가리켜 봐~요, 가리켜~봐요 ♬"라고 노래 부르며 상자 '안'을 가리키는 시범을 보인다.
- 유아에게 교사를 모방하여 상자 '안'을 가리켜 보라고 한다.
- 가리키지 못하면 교사가 유아의 손을 잡고 상자 '안'을 가리켜 준다.
- 교사가 상자 안에 있는 사탕을 가리키며 유아에게 상자 '안'을 가리켜 보라고 한다.
- 도움을 점차 줄여 간다.
- 수행되면 유아 스스로 상자 '안'을 가리켜 보라고 한다.
- 수행되면 교사가 "상자 밖~을 ♬ 가리켜 봐~요, 가리켜~봐요 ♬"라고 노래 부르며 상자 '밖'을 가리키는 시범을 보인다.
- 유아에게 교사를 모방하여 상자 '밖'을 가리켜 보라고 한다.
- 가리키지 못하면 상자 '안'을 가리킨 것과 같은 방법으로 지도한다.
- 수행되면 유아 스스로 상자 '밖'을 가리켜 보라고 한다.
- 수행되면 교사의 지시에 따라 유아에게 상자 '안'과 '밖'을 가리켜 보라고 한다.
- 수행되면 다른 물건들도 교사의 지시에 따라 '안'과 '밖'을 가리켜 보라고 한다.
- 수행되면 유아의 특성에 맞는 적절한 강화제를 제공한다.

☞ 그림을 제시한 후 유아에게 각 물건의 '안'과 '밖'에 스티커를 붙이게 하거나 도장을 찍어 보라고 해도 된다. 시판되고 있는 도장은 찍으면 과일이나 동물 모양이 찍히는 등 다양한 모양으로 도장을 찍을 수 있어 유아들이 매우 흥미로워한다.

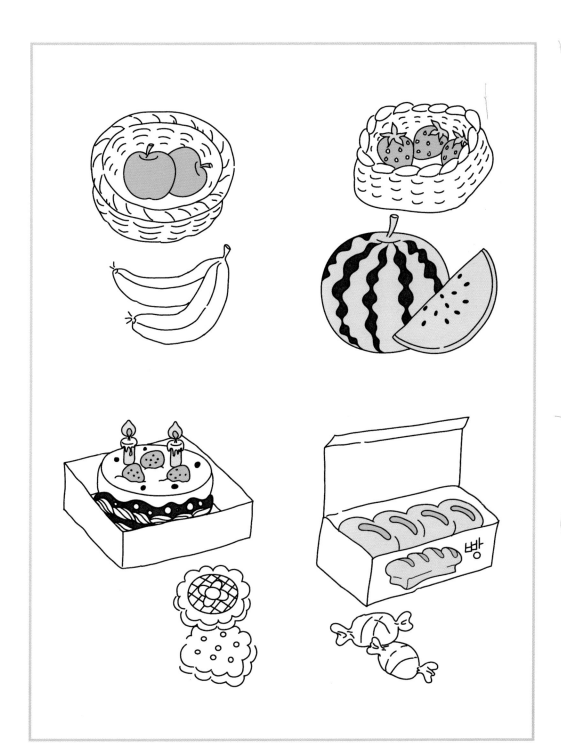

67 날씨 가리키기

목표 | 날씨를 가리킬 수 있다.

자료 | 날씨 표시 및 날씨와 관련된 그림, 강화제

방법 ❶

- 교사가 비가 오는 그림, 흐린 그림, 눈이 오는 그림, 맑은 날씨 등의 그림과 각 날씨 표시 그림을 제시한 후 유아에게 각 날씨의 특징을 간단하게 설명한다.
- 교사가 '맑음' '흐림' '비' '눈' '바람'의 날씨와 관련된 그림을 보여 주며 각 날씨를 가리키는 시범을 보인다.
- 교사가 날씨와 관련된 그림을 보여 주며 유아에게 교사를 모방하여 각 날씨를 가리켜 보라고 한다.
- 수행되면 교사가 날씨와 관련된 그림을 보여 줄 때 유아 스스로 각 날씨를 가리켜 보라고 한다.
- 수행되면 날씨와 관련된 다양한 그림들을 보여 줄 때 교사의 지시에 따라 각각 날씨를 가리켜 보라고 한다.
- 수행되면 유아의 특성에 맞는 적절한 강화제를 제공한다.

방법 ❷

- 교사가 예를 들어 맑은 날씨 및 비가 오는 그림과 햇볕, 비 표시 그림을 제시한 후 유아에게 각 날씨의 특징을 간단하게 설명한다.
- 교사가 맑은 날씨 및 비가 오는 그림과 관련된 그림을 보여 주며 각 날씨를 가리키는 시범을 보인다.
- 교사가 맑은 날씨 및 비가 오는 그림과 관련된 그림을 보여 주며 유아에게 교사를 모방하여 각 날씨를 가리켜 보라고 한다.

- 가리키지 못하면 교사가 맑은 날씨와 관련된 그림을 제시한 후 햇볕을 가리키는 시범을 보인다.
- 교사가 맑은 날씨와 관련된 그림을 보여 주며 유아에게 교사를 모방하여 날씨를 가리켜 보라고 한다.
- 가리키지 못하면 교사가 유아의 손을 잡고 햇볕을 가리켜 준다.
- 교사가 햇볕을 가리키며 유아에게 햇볕을 가리켜 보라고 한다.
- 도움을 점차 줄여 간다.
- 수행되면 교사가 맑은 날씨와 관련된 그림을 보여 줄 때 유아 스스로 햇볕을 가리켜 보라고 한다.
- 수행되면 교사가 햇볕과 비를 보여 줄 때 유아 스스로 햇볕을 가리켜 보라고 한다.
- 수행되면 교사가 비 오는 날씨와 관련된 그림을 제시한 후 비를 가리키는 시범을 보인다.
- 교사가 비 오는 날씨와 관련된 그림을 보여 주며 유아에게 교사를 모방하여 날씨를 가리켜 보라고 한다.
- 가리키지 못하면 교사가 유아의 손을 잡고 비를 가리켜 준다.
- 교사가 비를 가리키며 유아에게 비를 가리켜 보라고 한다.
- 도움을 점차 줄여 간다.
- 수행되면 교사가 비 오는 날씨와 관련된 그림을 보여 줄 때 유아 스스로 비를 가리켜 보라고 한다.
- 수행되면 교사가 햇볕과 비를 보여 줄 때 유아 스스로 비를 가리켜 보라고 한다.
- 수행되면 교사가 햇볕과 비 날씨의 위치를 바꾸어 놓은 후 맑은 날씨 및 비 오는 날씨와 관련된 그림을 보여 줄 때 유아 스스로 각각의 날씨를 가리켜 보라고 한다.
- 수행되면 다른 날씨도 위와 같은 방법으로 지도한다.
- 수행되면 각각의 날씨와 관련된 그림들을 보여 줄 때 교사의 지시에 따라 각각의 날씨를 가리켜 보라고 한다.
- 수행되면 유아의 특성에 맞는 적절한 강화제를 제공한다.

- 교사가 비가 오는 그림, 흐린 그림, 눈이 오는 그림, 맑은 날씨 등의 그림과 각 날씨 표시 그림을 제시한 후 유아에게 각 날씨의 특징을 간단하게 설명한다.
- 교사가 '맑음' '흐림' '비' '눈' '바람'의 날씨와 관련된 그림 옆에 각 날씨를 붙이는 시범을 보인다.
- 교사가 날씨와 관련된 그림을 제시한 후 유아에게 교사를 모방하여 날씨와 관련된 그림 옆에 각 날씨를 붙여 보라고 한다.
- 붙이지 못하면 교사가 맑은 날씨와 관련된 그림 옆에 햇볕을 붙이는 시범을 보인다.
- 유아에게 교사를 모방하여 맑은 날씨와 관련된 그림 옆에 햇볕을 붙여 보라고 한다.
- 붙이지 못하면 교사가 유아의 손을 잡고 햇볕을 붙여 준다.
- 교사가 햇볕을 가리키며 유아에게 햇볕을 붙여 보라고 한다.
- 도움을 점차 줄여 간다.
- 수행되면 맑은 날씨와 관련된 그림 옆에 유아 스스로 햇볕을 붙여 보라고 한다.
- 수행되면 교사가 비 오는 날씨와 관련된 그림 옆에 비를 붙이는 시범을 보인다.
- 유아에게 교사를 모방하여 비 오는 날씨와 관련된 그림 옆에 비를 붙여 보라고 한다.
- 붙이지 못하면 교사가 유아의 손을 잡고 비를 붙여 준다.
- 교사가 비를 가리키며 유아에게 비를 붙여 보라고 한다.
- 도움을 점차 줄여 간다.
- 수행되면 비 오는 날씨와 관련된 그림 옆에 유아 스스로 비를 붙여 보라고 한다.
- 수행되면 맑은 날씨 및 비 오는 날씨와 관련된 그림 옆에 유아 스스로 햇볕과 비를 붙여 보라고 한다.
- 수행되면 맑은 날씨 및 비 오는 날씨와 관련된 그림의 위치를 바꾸어 놓은 후 각각의 날씨를 붙여 보라고 한다.
- 수행되면 다른 날씨도 위와 같은 방법으로 지도한다.
- 수행되면 각각의 날씨와 관련된 그림들을 제시한 후 유아에게 날씨와 관련된 그림 옆에 각각의 날씨를 붙여 보라고 한다.

4~5
세

• 수행되면 유아의 특성에 맞는 적절한 강화제를 제공한다.

☞ 교구로 제작하여 사용하면 다양하게 위치를 바꾸어 확인할 수 있기 때문에 편리하고 유아도 흥미로워한다. 하드보드지에 보슬이를 붙인 후 각 날씨와 관련된 그림 뒤와 각 날씨 표시 그림 뒤에 까슬이를 붙여, 붙였다 뗐다 할 수 있도록 제작하면 된다. 하드보드지는 시중 문방구에서 쉽게 구입할 수 있다.

☞ 일상 속에서 날씨를 매일 지도하는 것이 가장 효과적이다.

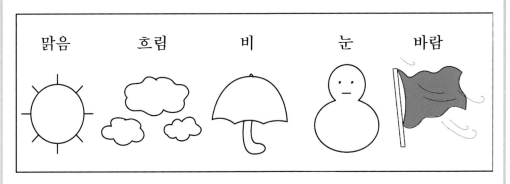

맑음　　흐림　　비　　눈　　바람

4～5
세

68 다른 종류 가리키기 4~5세

목표 | 다른 종류를 가리킬 수 있다.

자료 | 탈것, 동물, 과일, 컵 등의 실물 및 모형, 다른 종류가 그려진 그림, 강화제

방법 ❶

- 교사가 예를 들어 컵 세 개와 자동차 한 대를 제시한 후 유아에게 같은 종류와 다른 종류에 대해 간단하게 설명한다.
- 교사가 컵 세 개와 자동차 한 대를 제시한 후 "달라요."라고 하면서 자동차를 가리키는 시범을 보인다.
- 교사가 다른 것을 가리켜 보라고 하면 유아가 교사를 모방하여 자동차를 가리키게 한다.
- 수행되면 유아 스스로 다른 것을 가리키게 한다.
- 수행되면 다른 물건들도 같은 종류와 다른 종류를 제시한 후 다른 것을 가리킬 수 있는지 확인한다.
- 수행되면 유아의 특성에 맞는 적절한 강화제를 제공한다.

방법 ❷

- 교사가 예를 들어 컵 세 개와 자동차 한 대를 제시한 후 유아에게 같은 종류와 다른 종류에 대해 간단하게 설명한다.
- 교사가 컵 세 개와 자동차 한 대를 제시한 후 "달라요."라고 하면서 자동차를 가리키는 시범을 보인다.
- 교사가 유아에게 다른 것을 가리켜 보라고 한다.
- 가리키지 못하면 교사가 유아의 손을 잡고 자동차를 가리켜 준다.
- 교사가 자동차를 가리키며 유아에게 가리켜 보라고 말한다.

- 도움을 점차 줄여 간다.
- 수행되면 유아 스스로 자동차를 가리키게 한다.
- 수행되면 교사가 컵 세 개와 자동차의 위치를 바꾸어 놓고 유아에게 다른 종류를 가리켜 보라고 한다.
- 수행되면 교사가 컵 세 개에 공을 하나 놓고 유아에게 다른 종류를 가리켜 보라고 한다.
- 수행되면 나머지 물건들도 같은 방법으로 지도한다.
- 수행되면 교사가 같은 종류에 다른 것을 한 개 섞어 다양하게 위치를 바꾸어 놓고 유아에게 다른 것을 가리켜 보라고 한다.
- 수행되면 유아의 특성에 맞는 적절한 강화제를 제공한다.

☞ 그림을 제시한 후 다른 종류의 그림에 스티커를 붙이거나 도장을 찍어 보라고 해도 된다. 시판되고 있는 도장은 찍으면 과일이나 동물 모양이 찍히는 등 다양한 모양으로 도장을 찍을 수 있어 유아들이 매우 흥미로워한다.

☞ 교구로 제작하여 사용하면 다양하게 위치를 바꾸어 확인할 수 있기 때문에 편리하고 유아도 흥미로워한다. 하드보드지에 보슬이를 붙이고 각 그림 뒤에는 까슬이를 붙여, 붙였다 뗐다 할 수 있도록 제작하면 된다. 하드보드지는 시중 문방구에서 쉽게 구입할 수 있다.

4~5
세

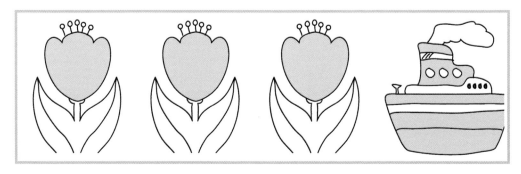

길이 순서대로 배열하기 4~5세

목표 │ 길이 순서대로 배열 할 수 있다.

자료 │ 길이가 다른 물건들(예: 막대, 연필 등), 길이와 관련된 그림, 강화제

방법 ❶

- 교사가 예를 들어 길이가 다른 연필 네 개를 제시한 후 짧은 것부터 차례대로 배열하는 순서를 설명한다.
- 교사가 길이가 다른 연필 네 개를 짧은 것부터 긴 순서대로 배열하는 시범을 보인다.
- 유아에게 교사를 모방하여 연필 네 개를 짧은 것부터 긴 순서대로 배열해 보라고 한다.
- 수행되면 유아 스스로 연필 네 개를 짧은 것부터 긴 순서대로 배열해 보라고 한다.
- 수행되면 연필을 섞어 놓은 후 유아 스스로 짧은 것부터 긴 순서대로 배열해 보라고 한다.
- 수행되면 다른 물건들도 교사의 지시에 따라 짧은 것부터 긴 순서대로 배열해 보라고 한다.
- 수행되면 유아의 특성에 맞는 적절한 강화제를 제공한다.

방법 ❷

- 교사가 예를 들어 길이가 다른 연필 네 개를 제시한 후 짧은 것부터 차례대로 배열하는 순서를 설명한다.
- 교사가 길이가 다른 연필 두 개를 제시한 후 짧은 연필부터 길이 순서대로 배열하는 시범을 보인다.
- 유아에게 교사를 모방하여 연필 두 개를 짧은 것부터 순서대로 배열해 보라고 한다.
- 순서대로 배열하지 못하면 교사가 유아의 손을 잡고 연필을 길이 순서대로 배열해

준다.

- 교사가 제일 짧은 연필을 놓은 후 유아에게 짧은 연필 뒤에 두 번째 길이의 연필을 놓아 보라고 한다.
- 교사가 제일 짧은 연필을 놓은 후 두 번째 길이의 연필을 가리키며 유아에게 짧은 연필 뒤에 두 번째 길이의 연필을 놓아 보라고 한다.
- 수행되면 유아 스스로 첫 번째 연필 뒤에 두 번째 연필을 놓아 보라고 한다.
- 수행되면 교사가 두 개의 연필을 순서대로 가리키며 유아에게 배열해 보라고 한다.
- 도움을 점차 줄여 간다.
- 수행되면 유아 스스로 두 개의 연필을 순서대로 배열해 보라고 한다.
- 수행되면 교사가 길이가 다른 연필 세 개를 제시한 후 길이 순서대로 배열하는 시범을 보인다.
- 유아에게 교사를 모방하여 길이가 다른 연필 세 개를 순서대로 배열해 보라고 한다.
- 순서대로 배열하지 못하면 교사가 길이 순서대로 연필 두 개를 놓아 준 후 유아에게 세 번째 길이의 연필을 놓아 보라고 한다.
- 수행되면 교사가 제일 짧은 연필 한 개를 놓아 준 후 유아에게 두 개의 연필을 제일 짧은 연필 뒤에 순서대로 배열해 보라고 한다.
- 수행되면 유아 스스로 세 개의 연필을 짧은 것부터 길이 순서대로 배열해 보라고 한다.
- 수행되면 교사가 네 개의 연필을 제시한 후 짧은 연필부터 순서대로 배열하는 시범을 보인다.
- 유아에게 교사를 모방하여 연필 네 개를 짧은 블록부터 순서대로 배열해 보라고 한다.
- 순서대로 배열하지 못하면 두 개의 연필을 지도한 것과 같은 방법으로 지도한다.
- 수행되면 유아 스스로 네 개의 연필을 짧은 연필부터 길이 순서대로 배열해 보라고 한다.
- 수행되면 교사가 네 개의 연필을 섞어 놓고 유아 스스로 짧은 연필부터 순서대로

4~5
세

배열해 보라고 한다.

- 수행되면 다른 물건들도 교사의 지시에 따라 짧은 것부터 긴 순서대로 배열해 보라고 한다.
- 수행되면 유아의 특성에 맞는 적절한 강화제를 제공한다.

방법 ❸

- 교사가 연필을 길이 순서대로 세 개 배열한 후 네 번째 연필을 배열하는 시범을 보인다.
- 교사가 길이가 다른 연필 세 개를 배열한 후 유아에게 네 번째 길이의 연필을 배열해 보라고 한다.
- 배열하지 못하면 교사가 유아의 손을 잡고 세 번째 연필 뒤에 네 번째 연필을 놓아 준다.
- 교사가 네 번째 연필을 가리키며 유아에게 세 번째 연필 뒤에 놓아 보라고 한다.
- 도움을 점차 줄여 간다.
- 수행되면 유아 스스로 세 번째 연필 뒤에 네 번째 연필을 놓아 보라고 한다.
- 수행되면 교사가 짧은 연필부터 길이 순서대로 두 개 배열한 후 세 번째와 네 번째 연필을 배열하는 시범을 보인다.
- 교사가 짧은 연필부터 길이 순서대로 두 개 배열한 후 유아에게 세 번째와 네 번째 연필을 배열해 보라고 한다.
- 배열하지 못하면 교사가 유아의 손을 잡고 두 번째 연필 뒤에 세 번째와 네 번째 연필을 배열해 준다.
- 교사가 세 번째와 네 번째 연필을 가리키며 유아에게 두 번째 연필 뒤에 놓아 보라고 한다.
- 도움을 점차 줄여 간다.
- 수행되면 유아 스스로 두 번째 연필 뒤에 세 번째와 네 번째 연필을 배열해 보라고 한다.

- 수행되면 교사가 제일 짧은 연필을 제시한 후 나머지 연필을 길이 순서대로 배열하는 시범을 보인다.
- 교사가 제일 짧은 연필을 제시한 후 유아에게 나머지 연필을 길이 순서대로 배열해 보라고 한다.
- 배열하지 못하면 교사가 나머지 연필을 가리키며 유아에게 제일 짧은 연필 뒤에 길이 순서대로 배열해 보라고 한다.
- 배열하지 못하면 세 번째와 네 번째 연필을 배열한 것과 같은 방법으로 지도한다.
- 수행되면 유아 스스로 제일 짧은 연필 뒤에 나머지 연필을 길이 순서대로 배열해 보라고 한다.
- 수행되면 교사가 길이가 다른 연필 네 개를 제시한 후 짧은 연필부터 길이 순서대로 배열하는 시범을 보인다.
- 유아에게 교사를 모방하여 연필 네 개를 짧은 연필부터 길이 순서대로 배열해 보라고 한다.
- 배열하지 못하면 세 번째와 네 번째 연필을 배열한 것과 같은 방법으로 지도한다.
- 수행되면 교사가 네 개의 연필을 제시한 후 유아 스스로 길이 순서대로 배열해 보라고 한다.
- 수행되면 유아의 특성에 맞는 적절한 강화제를 제공한다.

☞ 처음 지도 시에는 네 개의 물건 색(예: 제일 짧은 연필은 빨간색, 두 번째 긴 연필은 파란색, 세 번째 긴 연필은 검은색, 제일 긴 연필은 노란색)을 각기 달리하여 지도하면 유아가 빠르게 습득할 수 있다. 그러나 색이 단서가 되어 수행할 수 있으므로 반드시 네 개의 물건을 동일한 색으로 준비하여 수행 여부를 확인해야 한다.

☞ 수행되면 같은 방법으로 길이가 다른 물건을 5~6개까지 배열하도록 지도할 수 있다. 그리고 그림은 필요한 개수만큼 활용하면 된다.

4~5 세

☞ 방법 ❸은 후진법(뒤에서부터 수행해 나감)으로 방법 ❷의 점진법(앞에서부터 순서대로 수행해 나감)보다 유아가 성취감을 쉽게 느낄 수 있어 일반적으로 발달지체 및 장애 영유아에게는 후진법을 많이 적용한다. 그러나 영유아의 특성을 고려하여 적용하는 것이 바람직하므로 참고하기 바란다.

☞ 교구로 제작하여 사용하면 길이의 순서를 다양하게 바꾸어 확인할 수 있기 때문에 편리하고 유아도 흥미로워한다. 하드보드지에 보슬이를 붙이고 각 그림 뒤에는 까슬이를 붙여, 붙였다 뗐다 할 수 있도록 제작하면 된다. 하드보드지는 시중 문방구에서 쉽게 구입할 수 있다.

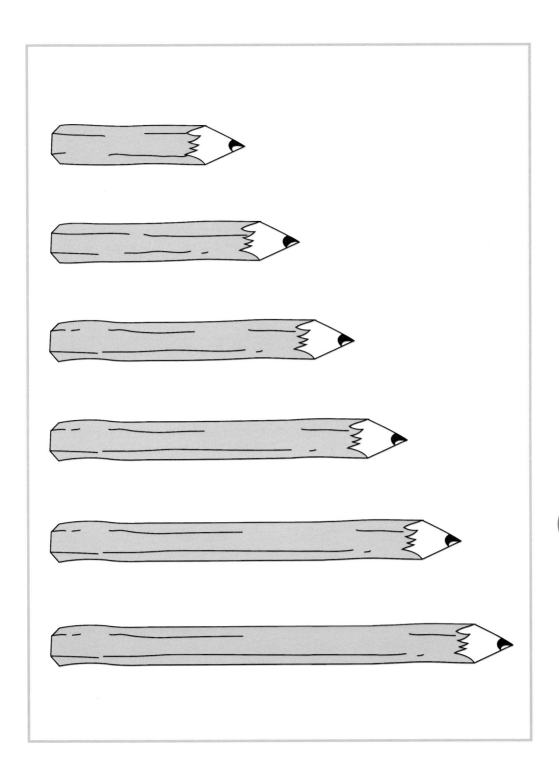

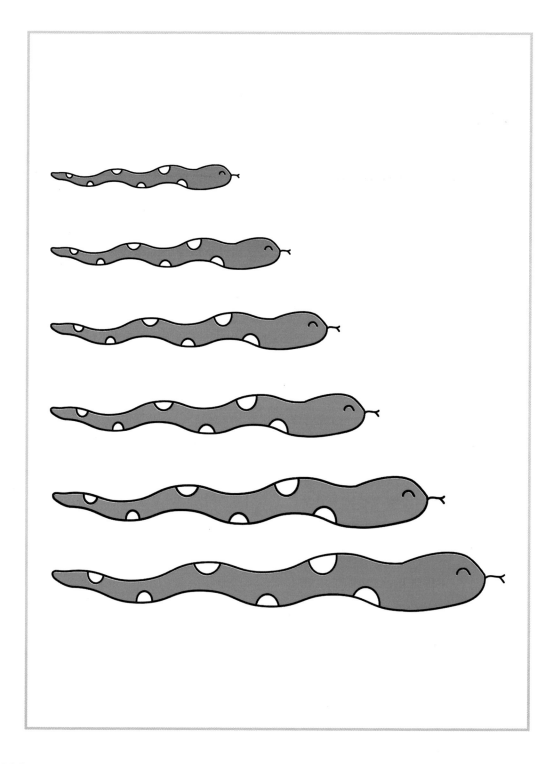

70 **장소에 따라 입을 옷 찾기** `4~5세`

목표 | 장소에 따라 입을 옷을 찾을 수 있다.

자료 | 놀이터, 유치원, 잠자는 곳 그림과 필요한 옷 그림, 가위, 풀, 강화제

방법 ❶

- 교사가 놀이터, 유치원, 잠자는 곳 그림과 각 옷을 놓고 어떤 옷을 입어야 하는지 설명한 후 장소에 적합한 옷을 찾는 시범을 보인다.
- 유아에게 교사를 모방하여 각 장소에 적합한 옷을 찾아보라고 한다.
- 수행되면 유아 스스로 각 장소에 적합한 옷을 찾아보라고 한다.
- 수행되면 교사가 각 장소의 위치를 다양하게 바꾸어 제시한 후 유아에게 각 장소에 적합한 옷을 찾아보라고 한다.
- 수행되면 유아의 특성에 맞는 적절한 강화제를 제공한다.

방법 ❷

- 교사가 놀이터, 유치원, 잠자는 곳 그림과 각 옷을 놓고 어떤 옷을 입어야 하는지 설명한 후 각 장소에 적합한 옷을 찾는 시범을 보인다.
- 유아에게 교사를 모방하여 각 장소에 적합한 옷을 찾아보라고 한다.
- 찾지 못하면 교사가 예를 들어 잠자는 곳 그림을 제시한 후 잠옷을 찾는 시범을 보인다.
- 유아에게 교사를 모방하여 잠잘 때 입는 옷을 찾아보라고 한다.
- 찾지 못하면 교사가 유아의 손을 잡고 잠잘 때 입는 옷을 찾아 준다.
- 교사가 잠옷을 가리키며 유아에게 잠잘 때 입는 옷을 찾아보라고 한다.
- 도움을 점차 줄여 간다.
- 수행되면 교사가 잠잘 때 입는 옷을 찾아보라고 할 때 유아 스스로 잠옷을 찾는다.

4~5
세

- 수행되면 교사가 유치원 그림을 제시한 후 어떤 옷을 입어야 할지 찾는 시범을 보인다.
- 유아에게 교사를 모방하여 유치원 갈 때 입는 옷을 찾아보라고 한다.
- 찾지 못하면 잠잘 때 입는 옷을 지도한 것과 같은 방법으로 지도한다.
- 수행되면 교사가 유치원 갈 때 입는 옷을 찾아보라고 할 때 유아 스스로 유치원복을 찾는다.
- 수행되면 교사가 잠자는 곳과 유치원 그림을 제시한 후 유아에게 각 장소에 적합한 옷을 찾아보라고 한다.
- 수행되면 교사가 놀이터 그림을 제시한 후 어떤 옷을 입어야 할지 찾는 시범을 보인다.
- 유아에게 교사를 모방하여 놀이터 갈 때 입는 옷을 찾아보라고 한다.
- 찾지 못하면 잠잘 때 입는 옷을 지도한 것과 같은 방법으로 지도한다.
- 수행되면 교사가 놀이터 갈 때 입는 옷을 찾아보라고 할 때 유아 스스로 편한 옷을 찾는다.
- 수행되면 교사가 잠자는 곳, 유치원, 놀이터 그림을 제시한 후 유아에게 각 장소에 적합한 옷을 찾아보라고 한다.
- 수행되면 교사가 각 장소의 위치를 다양하게 바꾸어 제시한 후 유아에게 각 장소에 적합한 옷을 찾아보라고 한다.
- 수행되면 유아의 특성에 맞는 적절한 강화제를 제공한다.

방법 ❸

- 교사가 놀이터, 잠자는 곳, 유치원 그림과 잠옷, 유치원복, 공을 들고 있는 그림을 제시한 후 선으로 연결하는 시범을 보인다.
- 교사가 유아에게 각 장소에 적합한 옷을 연결해 보라고 한다.
- 연결하지 못하면 교사가 유아의 손을 잡고 각 장소에 적합한 옷을 연결해 준다.
- 교사가 놀이터, 잠자는 곳, 유치원 그림과 각 장소에 적합한 옷을 점선으로 찍어

준 후 유아에게 연결하라고 한다.

• 수행되면 두 개의 그림에만 점선을 찍어 준 후 유아에게 점선을 따라 연결하게 하고 하나는 스스로 연결하라고 한다.

• 수행되면 한 개의 그림에만 점선을 찍어 준 후 유아에게 점선을 따라 연결하게 하고 두 개는 스스로 연결하라고 한다.

• 수행되면 놀이터, 잠자는 곳, 유치원 그림과 각 장소에 적합한 옷을 유아 스스로 연결하라고 한다.

• 수행되면 유아의 특성에 맞는 적절한 강화제를 제공한다.

☞ 교구로 제작하여 사용하면 다양하게 위치를 바꾸어 확인할 수 있기 때문에 편리하고 유아도 흥미로워한다. 하드보드지에 보슬이를 붙인 후 각 장소 뒤와 장소에 적합한 옷 그림 뒤에 까슬이를 붙여 붙였다 뗐다 할 수 있도록 제작하면 된다. 하드보드지는 시중 문방구에서 쉽게 구입할 수 있다.

4~5
세

71 필요한 도구와 기구 가리키기 4~5세

목표 | 필요한 도구와 기구를 가리킬 수 있다.
자료 | 컵, 가위, 젓가락, 프라이팬, 믹서, 망치, 주걱 등의 실물 및 그림, 강화제

방법 ❶

- 교사가 예를 들어 컵, 가위, 젓가락, 프라이팬, 믹서, 망치, 주걱 등이 필요한 상황
  의 그림을 제시한 후 유아에게 어떤 도구와 기구가 필요한지 간단하게 설명한다.
- 교사가 각 도구나 기구를 필요한 상황에 맞게 가리키는 시범을 보인다.
- 유아에게 교사를 모방하여 각 도구나 기구를 필요한 상황에 맞게 가리켜 보라고
  한다.
- 수행되면 유아 스스로 각 도구나 기구를 필요한 상황에 맞게 가리켜 보라고 한다.
- 수행되면 각 도구나 기구가 필요한 상황의 그림 위치를 다양하게 바꾸어 제시한
  후 유아 스스로 각 도구나 기구를 필요한 상황에 맞게 가리켜 보라고 한다.
- 수행되면 유아의 특성에 맞는 적절한 강화제를 제공한다.

방법 ❷

- 교사가 예를 들어 컵, 가위, 젓가락, 프라이팬, 믹서, 망치, 주걱 등이 필요한 상황
  의 그림을 제시한 후 유아에게 어떤 도구와 기구가 필요한지 간단하게 설명한다.
- 교사가 예를 들어 컵과 젓가락 그림을 제시한 후 주전자를 들고 있는데 컵이 없는
  그림을 보여 주며 컵을 가리키는 시범을 보인다.
- 교사가 주전자를 들고 있는데 컵이 없는 그림을 보여 주며 유아에게 무엇이 필요
  한지 가리켜 보라고 한다.
- 가리키지 못하면 교사가 유아의 손을 잡고 컵을 가리켜 준다.
- 교사가 컵을 가리키며 유아에게 컵을 가리켜 보라고 한다.

4~5
세

- 도움의 양을 점차 줄여 간다.
- 수행되면 유아 스스로 컵을 가리켜 보라고 한다.
- 수행되면 교사가 라면을 먹으려고 하는데 젓가락이 없는 그림을 보여 주며 젓가락을 가리키는 시범을 보인다.
- 교사가 라면을 먹으려고 하는데 젓가락이 없는 그림을 보여 주며 유아에게 무엇이 필요한지 가리켜 보라고 한다.
- 가리키지 못하면 교사가 유아의 손을 잡고 젓가락을 가리켜 준다.
- 교사가 젓가락을 가리키며 유아에게 젓가락을 가리켜 보라고 한다.
- 도움의 양을 점차 줄여 간다.
- 수행되면 유아 스스로 젓가락을 가리켜 보라고 한다.
- 수행되면 주전자를 들고 있는 그림과 라면을 먹으려고 하는 그림을 제시한 후 각각 필요한 것을 가리켜 보라고 한다.
- 수행되면 다른 그림들도 위와 같은 방법으로 지도한다.
- 수행되면 각 도구나 기구가 필요한 상황의 그림 위치를 다양하게 바꾸어 제시한 후 유아 스스로 각 도구나 기구를 필요한 상황에 맞게 가리켜 보라고 한다.
- 수행되면 유아의 특성에 맞는 적절한 강화제를 제공한다.

☞ 다음 그림을 오려서 필요한 기구나 도구를 붙이게 하거나 그림에 쓰여 있는 숫자를 보고 숫자를 쓰게 하는 방법도 있다.

☞ 교구로 제작하여 사용하면 다양하게 위치를 바꾸어 확인할 수 있기 때문에 편리하고 유아도 흥미로워한다. 하드보드지에 보슬이를 붙인 후 각 장면 뒤와 도구 및 기구 그림 뒤에 까슬이를 붙여, 붙였다 뗐다 할 수 있도록 제작하면 된다. 하드보드지는 시중 문방구에서 쉽게 구입할 수 있다.

1

2

3

4

소리 듣고 교통수단 가리키기

목표 │ 소리를 듣고 교통수단을 가리킬 수 있다.
자료 │ 교통수단 소리가 녹음된 CD, 카세트, 교통수단의 모형 및 그림, 강화제

방법 ❶

- 교사가 다양한 교통수단 소리가 녹음된 카세트 및 여러 가지 교통수단의 모형과 그림을 제시한다.
- 교사가 다양한 교통수단의 소리를 들려주며 이름을 말해 준 후 각 교통수단을 가리키는 시범을 보인다.
- 유아에게 다양한 교통수단의 소리를 들려준 후 교사를 모방하여 각 소리를 내는 교통수단을 가리켜 보라고 한다.
- 수행되면 교사가 다양한 교통수단의 소리를 들려줄 때 유아 스스로 각 소리를 내는 교통수단을 가리켜 보라고 한다.
- 수행되면 유아의 특성에 맞는 적절한 강화제를 제공한다.

방법 ❷

- 교사가 다양한 교통수단 소리가 녹음된 카세트 및 여러 가지 교통수단의 모형과 그림을 제시한다.
- 교사가 예를 들어 "빵빵." 소리를 들려준 후 자동차를 가리키는 시범을 보인다.
- 유아에게 "빵빵." 소리를 들려준 후 교사를 모방하여 '빵빵' 소리를 내는 교통수단을 가리켜 보라고 한다.
- 가리키지 못하면 교사가 유아의 손을 잡고 자동차를 가리켜 준다.
- 교사가 자동차를 가리키며 유아에게 가리켜 보라고 한다.
- 도움을 점차 줄여 간다.

- 수행되면 교사가 "빵빵." 소리를 들려준 후 유아 스스로 자동차를 가리켜 보라고 한다.
- 수행되면 교사가 예를 들어 기차 그림(모형)과 비행기 그림(모형)을 유아에게 제시한다.
- 교사가 "칙칙 폭폭." 소리를 들려준 후 기차를 가리키는 시범을 보인다.
- 유아에게 "칙칙 폭폭." 소리를 들려준 후 교사를 모방하여 '칙칙 폭폭' 소리를 내는 교통수단을 가리켜 보라고 한다.
- 가리키지 못하면 자동차를 지도한 것과 같은 방법으로 지도한다.
- 수행되면 자동차와 기차 그림의 위치를 바꾸어 제시한 후 각각의 소리에 맞는 교통기관을 가리켜 보라고 한다.
- 수행되면 다른 교통수단들도 같은 방법으로 지도한다.
- 수행되면 교사가 다양한 교통수단의 소리를 들려줄 때 유아 스스로 각 소리를 내는 교통수단을 가리켜 보라고 한다.
- 수행되면 유아의 특성에 맞는 적절한 강화제를 제공한다.

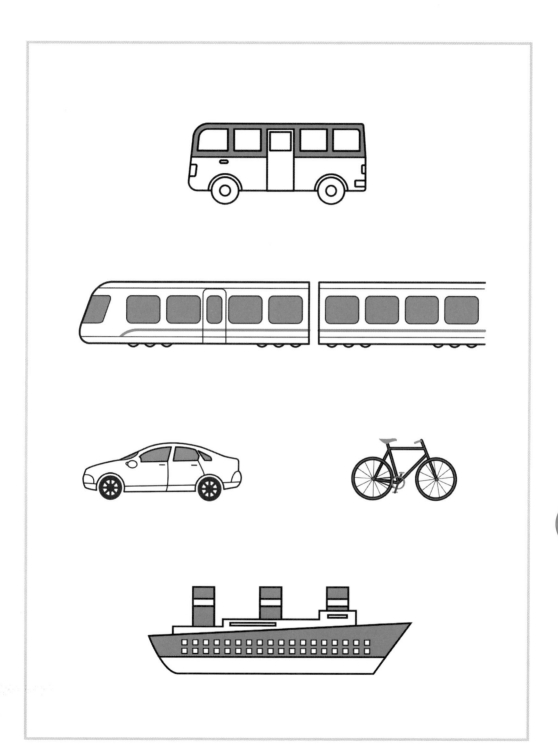

4~5
세

73 가전제품 가리키기

목표 | 가전제품을 가리킬 수 있다.
자료 | 다양한 가전제품의 실물 및 그림, 강화제

방법 ❶

- 교사가 유아를 데리고 각 가전제품이 비치되어 있는 장소를 다니며 각 가전제품의 이름을 말해 준 후 각 가전제품을 가리키는 시범을 보인다.
- 교사가 가전제품의 이름을 말해 줄 때 유아에게 교사를 모방하여 각 가전제품을 가리켜 보라고 한다.
- 수행되면 교사가 각 가전제품의 이름을 말해 줄 때 유아 스스로 각 가전제품을 가리켜 보라고 한다.
- 수행되면 유아의 특성에 맞는 적절한 강화제를 제공한다.

방법 ❷

- 교사가 유아를 데리고 각 가전제품이 비치되어 있는 장소를 다니며 각 가전제품의 이름을 말해 준 후, 예를 들어 "냉장고는 ♬ 어디 있나 ♬ 여~기 ♬"라고 노래 부르며 냉장고를 가리키는 시범을 보인다.

- 교사가 냉장고 이름을 말해 줄 때 유아에게 교사를 모방하여 냉장고를 가리켜 보라고 한다.
- 모방하지 못하면 교사가 유아의 손을 잡고 냉장고를 가리켜 준다.
- 교사가 냉장고를 가리키며 유아에게 냉장고를 가리켜 보라고 한다.
- 도움을 점차 줄여 간다.
- 수행되면 교사가 냉장고의 이름을 말해 줄 때 유아 스스로 냉장고를 가리켜 보라고 한다.
- 수행되면 교사가 "텔레비전은 ♫ 어디 있나 ♫ 여~기 ♫"라고 노래 부르며 텔레비전을 가리키는 시범을 보인다.
- 교사가 텔레비전 이름을 말해 줄 때 유아에게 교사를 모방하여 텔레비전을 가리켜 보라고 한다.
- 가리키지 못하면 냉장고를 지도한 것과 같은 방법으로 지도한다.
- 수행되면 교사가 냉장고와 텔레비전 이름을 말해 줄 때 유아 스스로 냉장고와 텔레비전을 가리켜 보라고 한다.
- 수행되면 나머지 가전제품들도 같은 방법으로 지도한다.
- 수행되면 교사가 각 가전제품의 이름을 말해 줄 때 유아 스스로 각 가전제품을 가리켜 보라고 한다.
- 수행되면 유아의 특성에 맞는 적절한 강화제를 제공한다.

☞ 수행되면 그림으로 확인해 보도록 한다.

5~6
세

74 관련 없는 세 가지 지시 따르기   5~6세

목표 | 관련 없는 세 가지 지시를 따를 수 있다.

자료 | 장난감, 동화책, 컵 등, 강화제

방법 ❶

- 교사가 예를 들어 "장난감을 바구니에 넣고, 손을 씻은 후, 동화책을 가져오세요." 라고 한 후 장난감을 바구니에 넣고 손을 씻은 다음 동화책을 가져오는 시범을 보인다.
- 유아에게 교사를 모방하여 장난감을 바구니에 넣고, 손을 씻은 후 동화책을 가져오라고 한다.
- 수행되면 교사가 "장난감을 바구니에 넣고, 손을 씻고, 동화책을 가져오세요."라고 할 때 유아 스스로 지시를 따른다.
- 수행되면 다른 관련 없는 세 가지 지시도 따를 수 있는지 확인한다.
- 수행되면 유아의 특성에 맞는 적절한 강화제를 제공한다.

방법 ❷

- 교사가 예를 들어 "장난감을 바구니에 넣고, 손을 씻은 후, 동화책을 가져오세요." 라고 한 후 장난감을 바구니에 넣고 손을 씻은 다음 동화책을 가져오는 시범을 보인다.
- 유아에게 교사를 모방하여 장난감을 바구니에 넣고, 손을 씻은 후 동화책을 가져오라고 한다.
- 모방하지 못하면 교사가 장난감을 바구니에 넣는 시범을 보인다.
- 유아에게 교사를 모방하여 장난감을 바구니에 넣어 보라고 한다.
- 모방하지 못하면 교사가 유아의 손을 잡고 장난감을 바구니에 넣어 준다.

- 교사가 유아에게 장난감을 준 후 바구니에 넣어 보라고 한다.
- 수행되면 교사가 장난감을 가리키며 바구니에 넣어 보라고 한다.
- 도움을 점차 줄여 간다.
- 수행되면 유아 스스로 장난감을 바구니에 넣어 보라고 한다.
- 수행되면 교사가 장난감을 바구니에 넣고 손을 씻는 시범을 보인다.
- 유아에게 교사를 모방하여 장난감을 바구니에 넣고 손을 씻어 보라고 한다.
- 손을 씻지 못하면 장난감을 바구니에 넣는 것과 같은 방법으로 지도한다.
- 수행되면 교사가 "장난감을 바구니에 넣고 손을 씻어요."라고 할 때 유아 스스로 교사의 지시에 따르라고 한다.
- 수행되면 교사가 동화책을 가져오는 시범을 보인다.
- 유아에게 교사를 모방하여 동화책을 가져오라고 한다.
- 모방하지 못하면 장난감을 바구니에 넣고 손을 씻는 것과 같은 방법으로 지도한다.
- 수행되면 교사가 장난감을 바구니에 넣고 손을 씻은 후 동화책을 가져오라고 할 때 유아 스스로 교사의 지시를 따르라고 한다.
- 수행되면 유아의 특성에 맞는 적절한 강화제를 제공한다.

☞ 수행되면 예를 들어 "장난감을 나에게 주고, 컵을 가지고 와서 책상 위에 올려놓아요." "방에 가서 가방을 가져오고, 우유를 마신 후, 모자를 써요." "공을 바닥에 놓고, 우유를 마신 후 동화책을 봐요." 등의 지시를 지도한다.

75 의성어 가리키기 5~6세

목표 | 의성어와 관련된 그림을 가리킬 수 있다.
자료 | 강아지, 고양이, 돼지, 전화기, 시계 등 의성어와 관련된 그림, 강화제

방법 ❶

- 교사가 예를 들어 유아 앞에 강아지, 고양이, 돼지, 전화기, 시계 등의 그림을 제시한다.
- 교사가 "강아지가 멍멍." "고양이가 야옹." "돼지가 꿀꿀." "전화기는 따르릉." 이라고 하면서 각각의 그림을 가리키는 시범을 보인다.
- 교사가 각각의 소리를 말해 줄 때 유아에게 교사를 모방하여 각각의 그림을 가리켜 보라고 한다.
- 수행되면 교사가 각각의 소리를 말해 줄 때 유아 스스로 소리에 맞는 그림을 가리켜 보라고 한다.
- 수행되면 교사가 그림의 위치를 바꾼 후 각각의 소리를 말해 줄 때 유아 스스로 소리에 맞는 그림을 가리켜 보라고 한다.
- 수행되면 다른 의성어 그림들도 교사의 지시에 따라 가리켜 보라고 한다.
- 수행되면 유아의 특성에 맞는 적절한 강화제를 제공한다.

방법 ❷

- 교사가 예를 들어 유아 앞에 강아지와 고양이 그림을 제시한다.
- 교사가 "강아지 ♬ 멍~멍 ♬" "고양이 ♬ 야~옹 ♬"이라고 노래 부르며 각 그림을 가리키는 시범을 보인다.
- 교사가 강아지와 고양이의 울음소리를 말해 준 후 유아에게 울음소리에 맞는 동물을 각각 가리켜 보라고 한다.
- 가리키지 못하면 교사가 "강아지 ♬ 멍~멍 ♬"이라고 노래 부르며 강아지를 가리키는 시범을 보인다.
- 교사가 "멍멍."이라고 말해 준 후 유아에게 교사를 모방하여 강아지를 가리켜 보라고 한다.
- 가리키지 못하면 교사가 유아의 손을 잡고 강아지를 가리켜 준다.
- 교사가 강아지를 가리키며 유아에게 "멍멍." 소리 내는 것을 가리켜 보라고 한다.

- 도움을 점차 줄여 간다.
- 수행되면 교사가 "멍멍." 이라고 말해 줄 때 유아 스스로 강아지를 가리켜 보라고 한다.
- 수행되면 교사가 강아지와 고양이 그림을 제시한 후 "멍멍." 이라고 말해 줄 때 유아 스스로 강아지를 가리켜 보라고 한다.
- 수행되면 교사가 "고양이 ♬ 야~옹 ♬" 이라고 노래 부르며 고양이를 가리키는 시범을 보인다.
- 교사가 "야옹." 이라고 말해 준 후 유아에게 교사를 모방하여 고양이를 가리켜 보라고 한다.
- 가리키지 못하면 교사가 유아의 손을 잡고 고양이를 가리켜 준다.
- 교사가 고양이를 가리키며 유아에게 "야옹." 이라고 소리 내는 것을 가리켜 보라고 한다.
- 도움을 점차 줄여 간다.
- 수행되면 교사가 "야옹." 이라고 말해 줄 때 유아 스스로 고양이를 가리켜 보라고 한다.
- 수행되면 교사가 강아지와 고양이 그림의 위치를 바꾸어 놓고 "멍멍." "야옹" 이라고 말해 줄 때 유아 스스로 강아지와 고양이를 가리켜 보라고 한다.
- 수행되면 다른 의성어도 위와 같은 방법으로 지도한다.
- 수행되면 다른 의성어 그림들도 교사의 지시에 따라 가리켜 보라고 한다.
- 수행되면 유아의 특성에 맞는 적절한 강화제를 제공한다.

☞ 수행되면 글자를 오려서 각 그림 밑에 적합한 글자를 붙이는 놀이를 하면 된다. 글씨를 모르는 경우 교사가 글씨를 읽어 주고 붙이게 하면 된다.

5~6
세

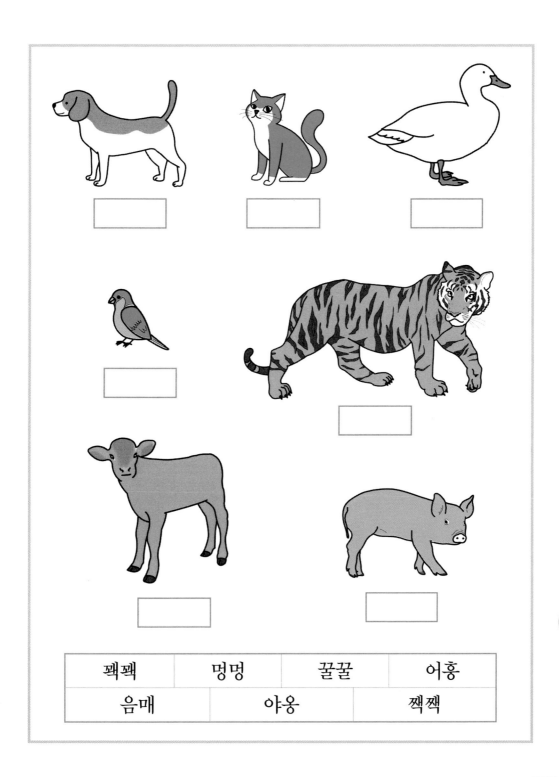

꽥꽥	멍멍	꿀꿀	어흥
음매		야옹	짹짹

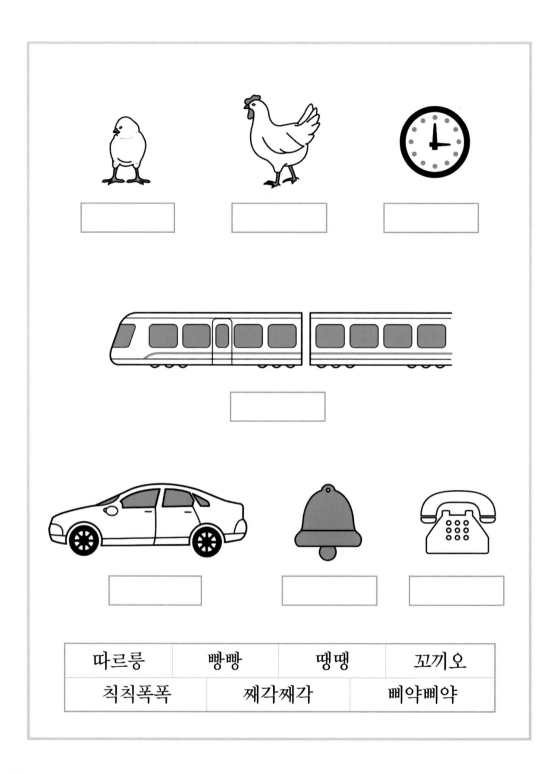

따르릉	빵빵	땡땡	꼬끼오
칙칙폭폭	째각째각	삐약삐약	

76 네 가지 맛 구별하기 5~6세

목표 │ 네 가지 맛을 구별할 수 있다.

자료 │ 접시 네 개, 꿀, 장아찌(소금), 레몬(식초), 매운 김치(고춧가루), 그림자료, 강화제

방법 ❶

- 교사가 예를 들어 네 개의 접시에 꿀, 장아찌, 레몬, 매운 김치를 담아 유아 앞에 놓는다.
- 교사가 각 재료를 가리키며 "달아요." "짜요." "시어요." "매워요."라고 하면서 각 맛을 가리키는 시범을 보인다.
- 유아에게 꿀, 장아찌, 레몬, 매운 김치의 맛을 보게 하면서 각각의 맛을 볼 때 교사가 맛에 맛에 맞추어 "달아요." "짜요." "시어요." "매워요."라고 말해 주며 각 맛을 가리킨다.
- 교사가 각 맛을 가리킬 때 유아에게 교사를 모방하여 각 맛을 가리켜 보라고 한다.
- 수행되면 교사가 각 맛을 말해 줄 때 유아 스스로 가리켜 보라고 한다.
- 수행되면 여러 가지 음식의 위치를 바꾸어 놓은 후 유아에게 교사의 지시에 따라 각 맛을 가리켜 보라고 한다.
- 수행되면 유아의 특성에 맞는 적절한 강화제를 제공한다.

방법 ❷

- 교사가 두 개의 접시에 꿀과 장아찌를 담아 유아 앞에 놓는다.
- 교사가 꿀과 장아찌를 가리키며 "달아요." "짜요."라고 말해 준다.
- 교사가 꿀을 맛본 후 단맛을 가리키는 시범을 보인다.
- 유아에게 꿀과 장아찌를 먹게 한 후 교사를 모방하여 단맛을 가리켜 보라고 한다.
- 가리키지 못하면 교사가 유아의 손을 잡고 꿀을 가리켜 준다.

5~6세

- 교사가 꿀을 가리키며 유아에게 단맛을 가리켜 보라고 한다.
- 도움을 점차 줄여 간다.
- 수행되면 유아 스스로 단맛을 가리켜 보라고 한다.
- 수행되면 교사가 장아찌를 가리키며 짠맛을 가리키는 시범을 보인다.
- 유아에게 꿀과 장아찌를 먹게 한 후 교사를 모방하여 짠맛을 가리켜 보라고 한다.
- 가리키지 못하면 단맛을 지도한 것과 같은 방법으로 지도한다.
- 수행되면 유아 스스로 짠맛을 가리켜 보라고 한다.
- 수행되면 교사가 꿀과 장아찌의 위치를 바꾸어 놓은 후 유아에게 단맛과 짠맛을 가리켜 보라고 한다.
- 수행되면 교사가 레몬을 가리키며 신맛을 가리키는 시범을 보인다.
- 유아에게 꿀과 장아찌, 레몬을 먹게 한 후 교사를 모방하여 신맛을 가리켜 보라고 한다.
- 가리키지 못하면 단맛을 지도한 것과 같은 방법으로 지도한다.
- 수행되면 유아 스스로 신맛을 가리켜 보라고 한다.
- 수행되면 교사가 꿀과 장아찌, 레몬의 위치를 바꾸어 놓은 후 유아에게 단맛과 짠맛, 신맛을 가리켜 보라고 한다.
- 수행되면 교사가 매운 김치를 가리키며 매운맛을 가리키는 시범을 보인다.
- 유아에게 꿀과 장아찌, 레몬, 매운 김치를 먹게 한 후 교사를 모방하여 매운맛을 가리켜 보라고 한다.
- 가리키지 못하면 단맛을 지도한 것과 같은 방법으로 지도한다.
- 수행되면 유아 스스로 매운맛을 가리켜 보라고 한다.
- 수행되면 교사가 꿀과 장아찌, 레몬, 매운 김치의 위치를 바꾸어 놓은 후 유아에게 단맛과 짠맛, 신맛, 매운맛을 가리켜 보라고 한다.
- 수행되면 유아의 특성에 맞는 적절한 강화제를 제공한다.

77 여름옷과 겨울옷 구분하기 5~6세

목표 | 여름옷과 겨울옷을 구별 수 있다.

자료 | 여름옷과 겨울옷, 여름옷과 겨울옷 그림, 강화제

방법 ❶

- 교사가 유아에게 여름옷과 겨울옷을 설명한 후 각 옷을 가리키는 시범을 보인다.
- 유아에게 교사를 모방하여 여름옷과 겨울옷을 가리켜 보라고 한다.
- 수행되면 유아 스스로 여름옷과 겨울옷을 가리켜 보라고 한다.
- 수행되면 여름옷과 겨울옷을 다양하게 섞어 놓고 유아에게 여름옷과 겨울옷을 각각 가리켜 보라고 한다.
- 수행되면 유아의 특성에 맞는 적절한 강화제를 제공한다.

방법 ❷

- 교사가 여름옷과 겨울옷을 설명한 후 각 옷을 가리키는 시범을 보인다.
- 유아에게 교사를 모방하여 여름옷과 겨울옷을 가리켜 보라고 한다.
- 가리키지 못하면 교사가 여름옷을 가리키는 시범을 보인다.
- 유아에게 교사를 모방하여 여름옷을 가리켜 보라고 한다.
- 가리키지 못하면 교사가 유아의 손을 잡고 여름옷을 가리켜 준다.
- 교사가 여름옷을 가리키며 유아에게 여름옷을 가리켜 보라고 한다.
- 도움을 점차 줄여 간다.
- 수행되면 교사가 여름옷을 가리켜 보라고 할 때 유아 스스로 여름옷을 가리키게 한다.
- 수행되면 교사가 겨울옷을 가리키는 시범을 보인다.
- 유아에게 교사를 모방하여 겨울옷을 가리켜 보라고 말한다.

- 가리키지 못하면 교사가 유아의 손을 잡고 겨울옷을 가리켜 준다.
- 교사가 겨울옷을 가리키며 유아에게 겨울옷을 가리켜 보라고 한다.
- 도움을 점차 줄여 간다.
- 수행되면 교사가 겨울옷을 가리켜 보라고 할 때 유아 스스로 겨울옷을 가리키게 한다.
- 수행되면 여름옷과 겨울옷의 위치를 바꾸어 놓고 교사의 지시에 따라 여름옷과 겨울옷을 가리켜 보라고 한다.
- 수행되면 유아의 특성에 맞는 적절한 강화제를 제공한다.

☞ 교사의 지시에 따라 여름옷과 겨울옷에 스티커를 붙이게 하거나 동그라미를 하게 하는 방법도 있다.

5~6
세

78

최상급 가리키기

목표 | 최상급을 가리킬 수 있다.

자료 | 크기, 높이, 길이가 다른 세 개의 다양한 물건 및 그림, 강화제

방법 ❶

- 교사가 예를 들어 크기가 다른 세 개의 공, 높이가 다른 세 개의 블록, 길이가 다른 세 개의 연필을 놓고 각 물건 중 최상급을 가리키는 시범을 보인다.
- 유아에게 교사를 모방하여 각각의 세 가지 물건 중 최상급을 가리켜 보라고 한다.
- 수행되면 유아 스스로 각각의 세 가지 물건 중 최상급을 가리켜 보라고 한다.
- 수행되면 각 물건의 위치를 바꾸어 놓은 후 유아 스스로 각각의 세 가지 물건 중 최상급을 가리켜 보라고 한다.
- 수행되면 다른 물건들도 교사의 지시에 따라 각각의 물건 중 최상급을 가리켜 보라고 한다.
- 수행되면 유아의 특성에 맞는 적절한 강화제를 제공한다.

방법 ❷

- 교사가 예를 들어 크기가 다른 세 개의 공, 높이가 다른 세 개의 블록, 길이가 다른 세 개의 연필을 놓고 각 물건 중 최상급을 가리키는 시범을 보인다.
- 유아에게 교사를 모방하여 각각의 세 가지 물건 중 최상급을 가리켜 보라고 한다.
- 가리키지 못하면 교사가 제일 큰 공, 제일 높은 블록, 길이가 제일 긴 연필을 가리키는 시범을 보인다.
- 유아에게 교사를 모방하여 제일 큰 공, 제일 높은 블록, 길이가 제일 긴 연필을 가리켜 보라고 한다.
- 가리키지 못하면 교사가 유아의 손을 잡고 제일 큰 공, 제일 높은 블록, 길이가 제

일 긴 연필을 가리켜 준다.

- 교사가 제일 큰 공, 제일 높은 블록, 길이가 제일 긴 연필을 가리키며 유아에게 가리켜 보라고 한다.
- 도움을 점차 줄여 간다.
- 수행되면 유아 스스로 제일 큰 공, 제일 높은 블록, 길이가 제일 긴 연필을 가리켜 보라고 한다.
- 수행되면 각 물건의 위치를 바꾸어 놓은 후 제일 큰 공, 제일 높은 블록, 길이가 제일 긴 연필을 가리켜 보라고 한다.
- 수행되면 다른 물건들도 교사의 지시에 따라 각각의 물건 중 최상급을 가리켜 보라고 한다.
- 수행되면 유아의 특성에 맞는 적절한 강화제를 제공한다.

☞ 처음 지도 시에는 세 종류 물건 중 최상급의 물건 색(예: 제일 큰 공은 빨간색, 제일 높은 블록은 파란색, 제일 긴 연필은 노란 색)을 각기 달리하여 지도하면 유아가 빠르게 습득할 수 있다. 그러나 색이 단서가 되어 수행할 수 있으므로 수행 여부를 확인할 때는 색으로 단서를 주지 않도록 한다.

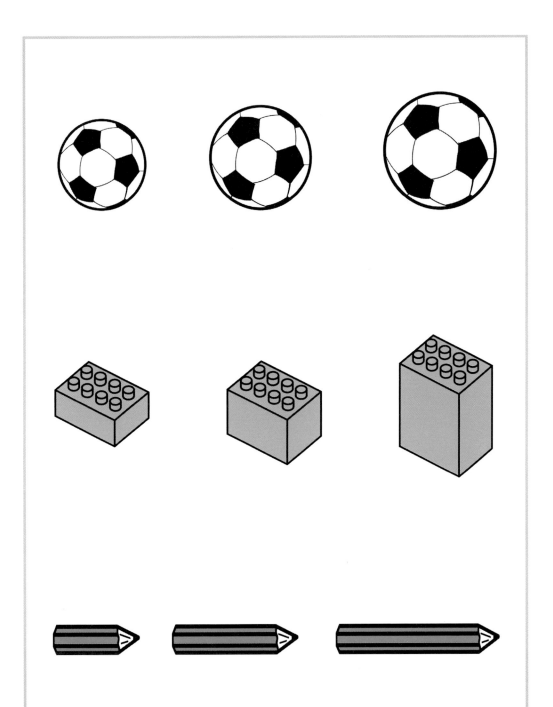

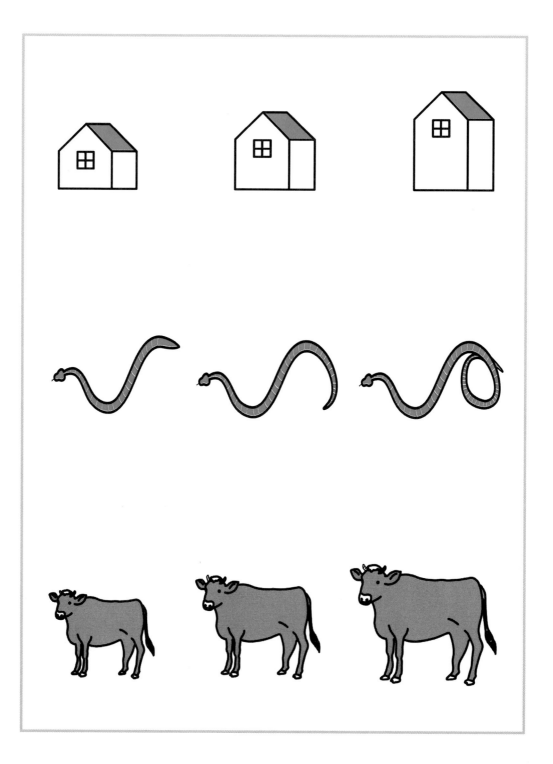

79

가게에서 파는 물건 가리키기

목표 | 각 가게에서 파는 물건을 가리킬 수 있다.

자료 | 가게 그림과 가게에서 파는 물건의 그림자료, 바구니, 풀, 가위, 강화제

방법 ❶

- 교사가 각 가게에서 파는 물건을 가리키는 시범을 보인다.
- 유아에게 교사를 모방하여 각 가게에서 파는 물건을 가리켜 보라고 한다.
- 수행되면 유아 스스로 각 가게에서 파는 물건을 가리켜 보라고 한다.
- 수행되면 각 가게의 위치를 다양하게 바꾸어 제시한 후 유아에게 각 가게에서 파는 물건을 가리켜 보라고 한다.
- 수행되면 유아의 특성에 맞는 적절한 강화제를 제공한다.

방법 ❷

- 교사가 각 가게에서 파는 물건을 가리키는 시범을 보인다.
- 교사가 예를 들어 슈퍼마켓 그림을 제시한 후 우유와 가방을 놓고 유아에게 슈퍼마켓에서 파는 물건을 가리켜 보라고 한다.
- 가리키지 못하면 교사가 유아의 손을 잡고 우유를 가리켜 준다.
- 교사가 우유를 가리키며 유아에게 가리켜 보라고 한다.
- 도움을 점차 줄여 간다.
- 수행되면 유아 스스로 우유를 가리키게 한다.
- 수행되면 교사가 예를 들어 생선 가게 그림을 제시한 후 생선과 신발을 놓고 생선을 가리키는 시범을 보인다.
- 유아에게 생선 가게에서 파는 물건을 가리켜 보라고 한다.
- 가리키지 못하면 슈퍼마켓에서 파는 물건을 지도한 것과 같은 방법으로 지도한다.

- 수행되면 교사가 슈퍼마켓과 생선 가게를 제시한 후 유아에게 각 가게에서 파는 물건을 가리켜 보라고 한다.
- 수행되면 다른 가게들도 같은 방법으로 지도한다.
- 수행되면 각 가게의 위치를 다양하게 바꾸어 제시한 후 유아에게 각 가게에서 파는 물건을 가리켜 보라고 한다.
- 수행되면 유아의 특성에 맞는 적절한 강화제를 제공한다.

☞ 교구로 제작하여 사용하면 가게 및 가게에서 파는 물건들을 다양하게 바꾸어 확인할 수 있기 때문에 편리하고 유아도 흥미로워한다. 하드보드지에 보슬이를 붙이고 각 그림 뒤에는 까슬이를 붙여 붙였다 뗐다 할 수 있도록 제작하면 된다. 하드보드지는 시중 문방구에서 쉽게 구입할 수 있다.

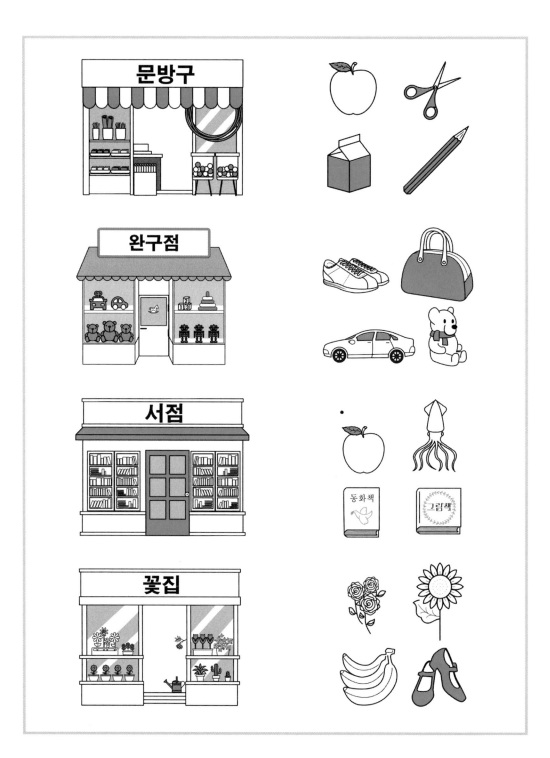

80

옷 입는 순서 가리키기

목표 | 옷 입는 순서를 가리킬 수 있다.
자료 | 남자와 여자 인형 및 그림, 다양한 옷 그림, 풀, 강화제

방법 ❶

- 교사가 남자와 여자 인형 및 다양한 옷 그림을 제시한 후 유아에게 옷 입는 순서를 설명한다.
- 교사가 여자 인형에게 티셔츠, 치마, 모자, 신발을 입히는 순서를 가리키는 시범을 보인다.
- 유아에게 교사를 모방하여 여자 인형에게 옷 입히는 순서를 가리켜 보라고 한다.
- 수행되면 유아 스스로 여자 인형에게 옷 입히는 순서를 가리켜 보라고 한다.
- 수행되면 교사가 남자 인형에게 와이셔츠, 바지, 넥타이, 신발을 입히는 순서를 가리키는 시범을 보인다.
- 유아에게 교사를 모방하여 남자 인형에게 옷을 입히는 순서를 가리켜 보라고 한다.
- 수행되면 유아 스스로 남자 인형에게 옷을 입히는 순서를 가리켜 보라고 한다.
- 수행되면 교사가 남자와 여자 인형, 남자 옷과 여자 옷을 제시한 후 유아에게 각각 성별에 맞게 옷을 입히는 순서를 가리켜 보라고 한다.
- 수행되면 유아의 특성에 맞는 적절한 강화제를 제공한다.

방법 ❷

- 교사가 남자와 여자 인형 및 다양한 옷 그림을 제시한 후 유아에게 옷 입는 순서를 설명한다.
- 교사가 여자 인형에게 티셔츠, 치마, 모자, 신발을 입히는 순서를 가리키는 시범을 보인다.

- 유아에게 교사를 모방하여 여자 인형에게 옷을 입히는 순서를 가리켜 보라고 한다.
- 가리키지 못하면 교사가 티셔츠를 가리키는 시범을 보인다.
- 유아에게 교사를 모방하여 티셔츠를 가리켜 보라고 한다.
- 가리키지 못하면 교사가 유아의 손을 잡고 티셔츠를 가리켜 준다.
- 교사가 티셔츠를 가리키며 유아에게 가리켜 보라고 한다.
- 도움을 점차 줄여 간다.
- 수행되면 유아 스스로 티셔츠를 가리켜 보라고 한다.
- 수행되면 교사가 치마를 가리키는 시범을 보인다.
- 유아에게 교사를 모방하여 치마를 가리켜 보라고 한다.
- 가리키지 못하면 티셔츠를 가리키는 것과 같은 방법으로 지도한다.
- 수행되면 유아 스스로 치마를 가리켜 보라고 한다.
- 수행되면 나머지 옷 입히는 순서도 같은 방법으로 지도한다.
- 수행되면 유아 스스로 여자 인형에게 옷 입히는 순서를 가리켜 보라고 한다.
- 수행되면 교사가 남자 인형에게 와이셔츠, 바지, 넥타이, 신발을 입히는 순서를 가리키는 시범을 보인다.
- 유아에게 교사를 모방하여 남자 인형에게 옷을 입히는 순서를 가리켜 보라고 한다.
- 가리키지 못하면 여자 인형에게 옷을 입히는 순서를 지도한 것과 같은 방법으로 지도한다.
- 수행되면 유아 스스로 남자 인형에게 옷을 입히는 순서를 가리켜 보라고 한다.
- 수행되면 교사가 남자와 여자 인형, 남자 옷과 여자 옷을 제시한 후 유아에게 각각 성별에 맞게 옷을 입히는 순서를 가리켜 보라고 한다.
- 수행되면 유아의 특성에 맞는 적절한 강화제를 제공한다.

방법 ❸
- 교사가 여자 인형과 인형 옷을 제시한 후 인형에게 옷을 입히면서 유아에게 옷 입히는 순서를 설명한다.

- 교사가 인형 옷을 벗긴 후 팬티를 입히는 시범을 보인다.
- 교사가 팬티와 티셔츠를 제시한 후 유아에게 무슨 옷을 먼저 입혀야 하는지 가리켜 보라고 한다.
- 가리키지 못하면 교사가 유아의 손을 잡고 팬티를 가리켜 준다.
- 교사가 팬티를 가리키며 유아에게 가리켜 보라고 한다.
- 도움을 점차 줄여 간다.
- 수행되면 유아 스스로 팬티를 가리켜 보라고 한다.
- 수행되면 교사가 티셔츠를 입히는 시범을 보인다.
- 교사가 티셔츠와 치마를 제시한 후 유아에게 무슨 옷을 먼저 입혀야 하는지 가리켜 보라고 한다.
- 가리키지 못하면 교사가 팬티를 지도한 것과 같은 방법으로 지도한다.
- 수행되면 유아 스스로 티셔츠를 가리켜 보라고 한다.
- 수행되면 교사가 치마를 입히는 시범을 보인다.
- 교사가 치마와 모자를 제시한 후 유아에게 무슨 옷을 먼저 입혀야 하는지 가리켜 보라고 한다.
- 가리키지 못하면 교사가 팬티를 지도한 것과 같은 방법으로 지도한다.
- 수행되면 유아 스스로 치마를 가리켜 보라고 한다.
- 수행되면 모자와 신발도 같은 방법으로 지도한다.
- 수행되면 유아 스스로 여자 인형에게 옷 입히는 순서를 가리켜 보라고 한다.
- 수행되면 교사가 남자 인형과 인형 옷을 제시한 후 인형에게 옷을 입히면서 유아에게 옷 입히는 순서를 설명한다.
- 교사가 인형 옷을 벗긴 후 팬티를 입히는 시범을 보인다.
- 교사가 팬티와 와이셔츠를 제시한 후 유아에게 무슨 옷을 먼저 입혀야 하는지 가리켜 보라고 한다.
- 가리키지 못하면 교사가 유아의 손을 잡고 팬티를 가리켜 준다.
- 교사가 팬티를 가리키며 유아에게 가리켜 보라고 한다.

5~6
세

- 도움을 점차 줄여 간다.
- 수행되면 유아 스스로 팬티를 가리켜 보라고 한다.
- 수행되면 나머지 옷들도 여자 인형에게 옷을 입히는 것과 같은 방법으로 지도한다.
- 수행되면 유아 스스로 남자 인형에게 옷을 입히는 순서를 가리켜 보라고 한다.
- 수행되면 교사가 남자와 여자 인형, 남자 옷과 여자 옷을 제시한 후 유아에게 각각 성별에 맞게 옷을 입히는 순서를 가리켜 보라고 한다.
- 수행되면 유아의 특성에 맞는 적절한 강화제를 제공한다.

☞ 실제 옷을 가지고 유아에게 입을 옷을 제시한 후 순서대로 입는 것을 지도하는 것이 가장 효과적이다.

☞ 여자 유아는 여자 옷을, 남자 유아는 남자 옷을 입히는 것을 먼저 지도한 후 다른 성별의 옷을 입히도록 지도하는 것이 효과적이다.

☞ 교구로 제작하여 사용하면 남자와 여자, 성별에 맞는 옷들을 다양하게 위치를 바꾸어 확인할 수 있기 때문에 편리하고 유아도 흥미로워한다. 하드보드지에 보슬이를 붙이고 각 그림 뒤에는 까슬이를 붙여, 붙였다 뗐다 할 수 있도록 제작하면 된다. 하드보드지는 시중 문방구에서 쉽게 구입할 수 있다.

☞ 옷에 보슬이와 까슬이를 같이 붙이면 남자와 여자에게 옷들을 겹쳐 입히게 할 수 있으므로 실제 옷을 입는 것과 같은 효과를 줄 수 있다.

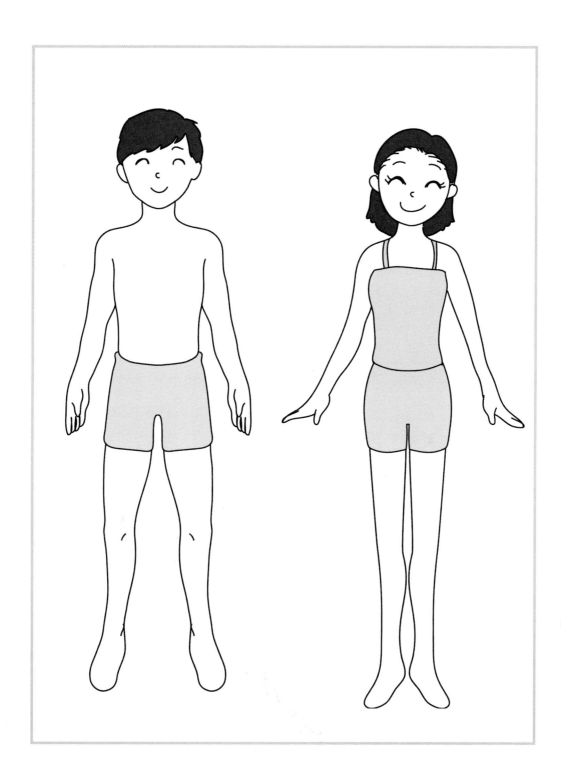

81

인체 부위 기능 연결하기

목표 ┃ 인체 부위 기능을 연결할 수 있다.

자료 ┃ 인체 그림, 인체 기능 그림, 강화제

방법 ❶

- 교사가 예를 들어 '눈' '코' '입' '귀'와 각 기능을 줄을 그어 연결하는 시범을 보인다.
- 유아에게 교사를 모방하여 각 신체 부위와 관련된 기능을 연결해 보라고 한다.
- 수행되면 유아 스스로 각 신체 부위와 관련된 기능을 연결해 보라고 한다.
- 수행되면 유아의 특성에 맞는 적절한 강화제를 제공한다.

방법 ❷

- 교사가 예를 들어 '눈' '코' '입' '귀'와 각 기능을 줄을 그어 연결하는 시범을 보인다.
- 유아에게 교사를 모방하여 각 신체 부위와 관련된 기능을 연결해 보라고 한다.
- 연결하지 못하면 교사가 각 신체 부위와 관련된 기능을 연결하는 점선을 그려 준 후 유아에게 연결해 보라고 한다.
- 연결하지 못하면 교사가 유아의 손을 잡고 각 신체 부위와 관련된 기능을 연결하는 점선을 따라 연결해 준다.
- 교사가 각 신체 부위와 관련된 기능을 연결하는 점선을 가리키며 유아에게 연결해 보라고 한다.
- 도움을 점차 줄여 간다.
- 수행되면 유아 스스로 각 신체 부위와 관련된 기능을 연결하는 점선을 따라 연결해 보라고 한다.

- 수행되면 교사가 각 신체 부위와 관련된 기능을 연결하는 점선을 세 개 그려 준 후 유아에게 점선을 따라 연결하게 하고 한 개는 스스로 연결하라고 한다.
- 수행되면 교사가 각 신체 부위와 관련된 기능을 연결하는 점선을 두 개 그려 준 후 유아에게 점선을 따라 연결하게 하고 두 개는 스스로 연결하라고 한다.
- 수행되면 교사가 각 신체 부위와 관련된 기능을 연결하는 점선을 한 개 그려 준 후 유아에게 점선을 따라 연결하게 하고 세 개는 스스로 연결하라고 한다.
- 도움을 점차 줄여 간다.
- 수행되면 교사가 점선을 모두 지운 후 유아 스스로 각 신체 부위와 관련된 기능을 연결하라고 한다.
- 수행되면 유아의 특성에 맞는 적절한 강화제를 제공한다.

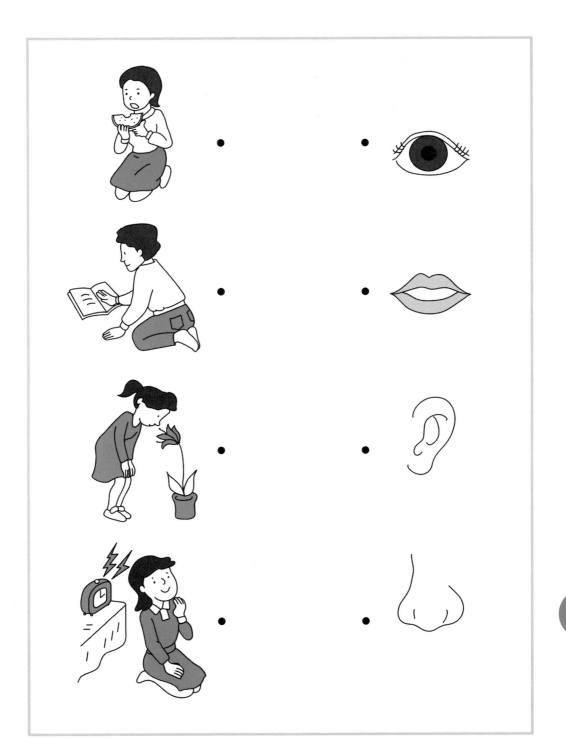

82 알맞은 장면 찾기

목표 ┃ 빠진 부분에 알맞은 장면을 찾을 수 있다.

자료 ┃ 상황이 일어난 순서 그림, 강화제

방법 ❶

- 교사가 토끼들이 화분에 꽃을 심었는데 햇볕 때문에 꽃이 시들어 가는 장면을 보여 주며 다음에 와야 할 화분에 물을 주는 장면을 찾는 시범을 보인다.
- 교사가 화분에 물을 주는 모습과 선풍기 바람을 쐬어 주는 모습을 제시한 후 유아에게 교사를 모방하여 꽃이 시들어 가는 장면 뒤에 와야 할 장면을 찾아보라고 한다.
- 수행되면 유아 스스로 꽃이 시들어 가는 장면 뒤에 와야 할 장면을 찾아보라고 한다.
- 수행되면 교사가 놀이터에서 놀고 난 후 목욕을 하는 장면을 보여 주며 다음에 와야 할 머리를 수건으로 말리는 장면을 찾는 시범을 보인다.
- 교사가 지저분한 모습과 수건으로 말리는 모습, 머리에 손을 올린 모습을 제시한 후 유아에게 교사를 모방하여 목욕을 하고 난 뒤에 와야 할 장면을 찾아보라고 한다.
- 수행되면 유아 스스로 목욕을 하고 난 뒤에 와야 할 장면을 찾아보라고 한다.
- 수행되면 두 상황을 섞어 놓고 유아에게 각각 다음에 올 장면을 찾아보라고 한다.
- 수행되면 유아의 특성에 맞는 적절한 강화제를 제공한다.

방법 ❷

- 교사가 토끼들이 화분에 꽃을 심었는데 햇볕 때문에 꽃이 시들어 가는 장면을 보여 주며 다음에 와야 할 화분에 물을 주는 장면을 찾는 시범을 보인다.
- 교사가 화분에 물을 주는 모습과 선풍기 바람을 쐬어 주는 모습을 제시한 후 유아

에게 교사를 모방하여 꽃이 시들어 가는 뒤에 와야 할 장면을 찾아보라고 한다.
- 찾지 못하면 교사가 유아의 손을 잡고 토끼들이 화분에 물을 주는 모습을 찾아 준다.
- 교사가 토끼들이 화분에 물을 주는 모습을 가리키며 유아에게 꽃이 시들어 가는 장면 뒤에 와야 할 장면을 찾아보라고 한다.
- 도움을 점차 줄여 간다.
- 수행되면 유아 스스로 토끼들이 화분에 물을 주는 모습을 찾아보라고 한다.
- 수행되면 교사가 놀이터에서 놀고 난 후 목욕을 하는 장면을 보여 주며 다음에 와야 할 머리를 수건으로 말리는 장면을 찾는 시범을 보인다.
- 교사가 지저분한 모습과 수건으로 말리는 모습, 머리에 손을 올린 모습을 제시한 후 유아에게 교사를 모방하여 목욕을 하고 난 뒤에 와야 할 장면을 찾아보라고 한다.
- 찾지 못하면 교사가 유아의 손을 잡고 머리를 수건으로 말리는 모습을 찾아 준다.
- 교사가 머리를 수건으로 말리는 모습을 가리키며 목욕을 하고 난 뒤에 와야 할 장면을 찾아보라고 한다.
- 도움을 점차 줄여 간다.
- 수행되면 유아 스스로 머리를 수건으로 말리는 모습을 찾아보라고 한다.
- 수행되면 두 상황을 섞어 놓고 유아에게 각각 다음에 올 장면을 찾아보라고 한다.
- 수행되면 유아의 특성에 맞는 적절한 강화제를 제공한다.

☞ 수행되면 그림을 오려서 첫째 장면을 찾게 하거나 중간 장면을 찾게 하는 방법으로 응용하여 지도하도록 한다.

☞ 세 장면을 섞어 놓고 상황이 진행되는 순서대로 그림을 배열하게 하는 것으로 활용해도 된다.

83 적은 순서대로 배열하기

목표 | 적은 순서대로 배열할 수 있다.

자료 | 접시 혹은 바구니 세 개, 과일, 사탕, 장난감, 블록 등, 양과 관련된 그림, 강화제

방법 ❶

- 교사가 예를 들어 각 접시에 사탕 한 개, 세 개, 다섯 개, 일곱 개를 놓은 후 적은 것 부터 차례대로 배열하는 순서를 설명한다.
- 교사가 사탕의 개수가 적은 것부터 많은 순서대로 배열하는 시범을 보인다.
- 유아에게 교사를 모방하여 사탕이 적은 것부터 많은 순서대로 배열해 보라고 한다.
- 수행되면 유아 스스로 사탕이 적은 것부터 많은 순서대로 배열해 보라고 한다.
- 수행되면 각 접시의 위치를 바꾸어 놓은 후 유아 스스로 사탕이 적은 것부터 많은 순서대로 배열해 보라고 한다.
- 수행되면 다른 물건들도 교사의 지시에 따라 개수가 적은 것부터 많은 순서대로 배열해 보라고 한다.
- 수행되면 유아의 특성에 맞는 적절한 강화제를 제공한다.

방법 ❷

- 교사가 예를 들어 각 접시에 사탕 한 개, 세 개, 다섯 개, 일곱 개를 놓은 후 적은 것 부터 차례대로 배열하는 순서를 설명한다.
- 교사가 사탕의 개수가 적은 것부터 많은 순서대로 배열하는 시범을 보인다.
- 유아에게 교사를 모방하여 사탕이 적은 것부터 많은 순서대로 배열해 보라고 한다.
- 순서대로 배열하지 못하면 교사가 유아의 손을 잡고 사탕을 개수(양) 순서대로 배 열해 준다.
- 교사가 사탕 한 개를 놓은 후 유아에게 사탕 한 개 뒤에 사탕 세 개를 놓아 보라고 한다.

- 교사가 사탕 한 개를 놓은 후 사탕 세 개를 가리키며 유아에게 사탕 한 개 뒤에 사탕 세 개를 놓아 보라고 한다.
- 수행되면 유아 스스로 사탕 한 개 뒤에 사탕 세 개를 배열해 보라고 한다.
- 수행되면 교사가 사탕 한 개와 세 개를 순서대로 가리키며 유아에게 배열해 보라고 한다.
- 도움을 점차 줄여 간다.
- 수행되면 유아 스스로 사탕 한 개 뒤에 사탕 세 개를 순서대로 배열해 보라고 한다.
- 수행되면 교사가 사탕 세 개 뒤에 사탕 다섯 개를 순서대로 배열하는 시범을 보인다.
- 유아에게 교사를 모방하여 사탕 세 개 뒤에 사탕 다섯 개를 순서대로 배열해 보라고 한다.
- 순서대로 배열하지 못하면 교사가 사탕 한 개와 세 개를 순서대로 놓아 준 후 사탕 다섯 개를 가리키며 유아에게 사탕 다섯 개를 놓아 보라고 한다.
- 수행되면 유아 스스로 사탕 세 개 뒤에 다섯 개를 놓아 보라고 한다.
- 수행되면 교사가 사탕 다섯 개 뒤에 사탕 일곱 개를 순서대로 배열하는 시범을 보인다.
- 유아에게 교사를 모방하여 사탕 다섯 개 뒤에 사탕 일곱 개를 배열해 보라고 한다.
- 순서대로 배열하지 못하면 사탕 다섯 개를 지도한 것과 같은 방법으로 지도한다.
- 수행되면 유아 스스로 사탕을 적은 순서부터 많은 순서대로 배열해 보라고 한다.
- 수행되면 교사가 사탕이 놓인 접시를 섞어 놓고 유아 스스로 사탕을 적은 순서부터 많은 순서대로 배열해 보라고 한다.
- 수행되면 다른 물건들도 교사의 지시에 따라 적은 것부터 많은 순서대로 배열해 보라고 한다.
- 수행되면 유아의 특성에 맞는 적절한 강화제를 제공한다.

방법 ❸
- 교사가 예를 들어 각 접시에 사탕 한 개, 세 개, 다섯 개, 일곱 개를 놓은 후 적은 것

부터 차례대로 배열하는 순서를 설명한다.

- 교사가 사탕이 적은 개수에서 많은 개수의 순서대로 세 개 배열한 후 그 뒤에 일곱 개의 사탕을 놓는 시범을 보인다.
- 교사가 사탕이 적은 개수에서 많은 개수의 순서대로 세 개 배열한 후 유아에게 그 뒤에 일곱 개의 사탕을 놓아 보라고 한다.
- 배열하지 못하면 교사가 유아의 손을 잡고 세 번째 사탕 뒤에 일곱 개의 사탕을 놓아 준다.
- 교사가 일곱 개의 사탕을 가리키며 유아에게 세 번째 사탕 뒤에 놓아 보라고 한다.
- 도움을 점차 줄여 간다.
- 수행되면 유아 스스로 세 번째 사탕 뒤에 일곱 개의 사탕을 놓아 보라고 한다.
- 수행되면 교사가 적은 개수의 사탕부터 많은 개수의 순서대로 두 개 배열한 후 그 뒤에 사탕 다섯 개와 일곱 개를 배열하는 시범을 보인다.
- 교사가 적은 개수의 사탕부터 많은 개수의 순서대로 두 개 배열한 후 유아에게 그 뒤에 사탕 다섯 개와 일곱 개를 배열해 보라고 한다.
- 배열하지 못하면 교사가 유아의 손을 잡고 두 번째 사탕 뒤에 사탕 다섯 개와 일곱 개를 배열해 준다.
- 교사가 사탕 다섯 개와 일곱 개를 가리키며 유아에게 두 번째 사탕 뒤에 놓아 보라고 한다.
- 도움을 점차 줄여 간다.
- 수행되면 유아 스스로 두 번째 사탕 뒤에 사탕 다섯 개와 일곱 개를 배열해 보라고 한다.
- 수행되면 교사가 사탕 한 개를 제시한 후 나머지 사탕들을 개수 순서대로 배열하는 시범을 보인다.
- 교사가 사탕 한 개를 제시한 후 유아에게 나머지 사탕들을 개수 순서대로 배열해 보라고 한다.
- 배열하지 못하면 교사가 나머지 사탕들을 가리키며 유아에게 사탕 한 개 뒤에 개

수 순서대로 배열해 보라고 한다.

• 배열하지 못하면 세 번째와 네 번째 사탕을 배열한 것과 같은 방법으로 지도한다.

• 수행되면 유아 스스로 사탕 한 개 뒤에 나머지 사탕을 개수 순서대로 배열해 보라고 한다.

• 수행되면 교사가 적은 사탕부터 개수 순서대로 배열하는 시범을 보인다.

• 유아에게 교사를 모방하여 적은 사탕부터 개수 순서대로 배열해 보라고 한다.

• 배열하지 못하면 세 번째와 네 번째 사탕을 배열한 것과 같은 방법으로 지도한다.

• 수행되면 교사가 각 사탕이 놓인 접시를 제시한 후 유아 스스로 사탕을 적은 순서부터 많은 순서대로 배열해 보라고 한다.

• 수행되면 유아의 특성에 맞는 적절한 강화제를 제공한다.

☞ 세 개의 물건을 담는 접시나 바구니는 동일한 색으로 준비해야 한다. 색이 단서가 되어 수행할 수 있으므로 주의한다. 처음 지도 시에는 세 개의 물건을 담는 접시나 바구니 색을 각기 달리하여 지도하면 효과적이다.

☞ 수행되면 같은 방법으로 개수가 다른 물건을 적은 것부터 순서대로 5~6개까지 배열하도록 지도할 수 있다.

☞ 방법 ❸은 후진법(뒤에서부터 수행해 나감)으로 방법 ❷의 점진법(앞에서부터 순서대로 수행해 나감)보다 유아가 성취감을 쉽게 느낄 수 있어 일반적으로 발달지체 및 장애 영유아에게는 후진법을 많이 적용한다. 그러나 영유아의 특성을 고려하여 적용하는 것이 바람직하므로 참고하기 바란다.

☞ 교구로 제작하여 사용하면 개수(양)의 순서를 다양하게 바꾸어 확인할 수 있기 때문에 편리하고 유아도 흥미로워한다. 하드보드지에 보슬이를 붙이고 각 그림 뒤에는 까슬이를 붙여, 붙였다 뗐다 할 수 있도록 제작하면 된다. 하드보드지는 시중 문방구에서 쉽게 구입할 수 있다.

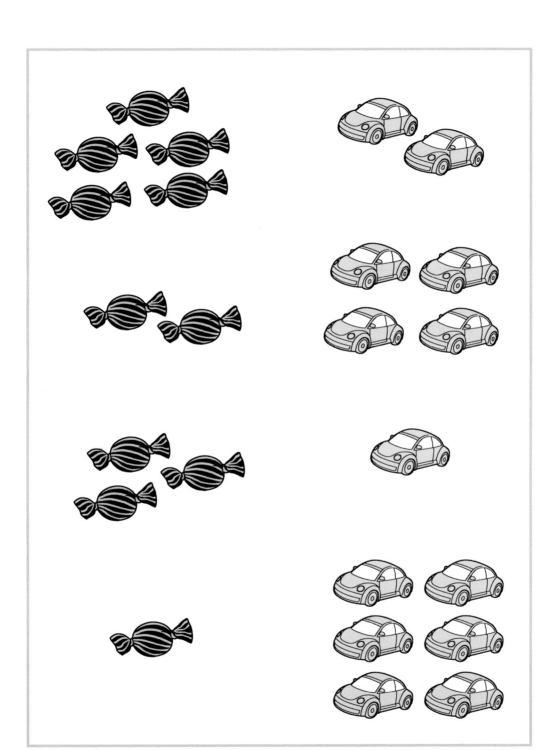

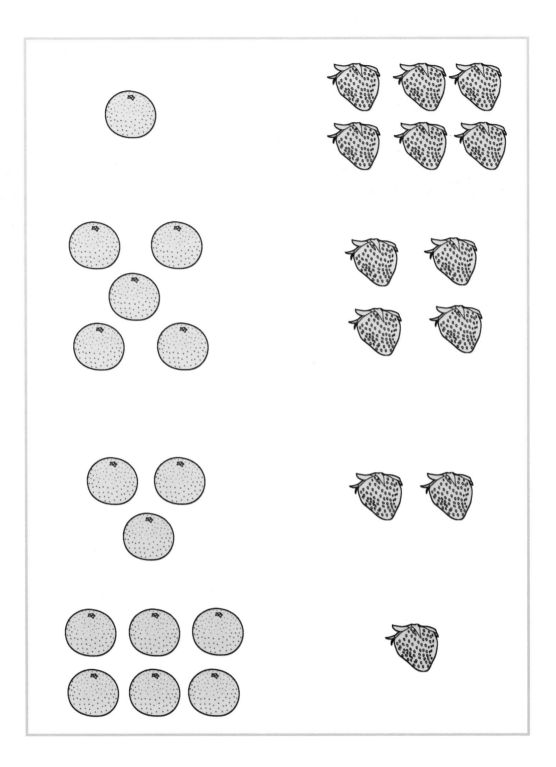

84 화폐 단위 가리키기

목표 │ 화폐 단위를 가리킬 수 있다.

자료 │ 100원, 500원, 1,000원, 과자, 사탕, 장난감 등, 강화제

방법 ❶

- 교사가 100원, 500원, 1,000원을 유아 앞에 제시한다.
- 교사가 유아에게 각각의 화폐 단위를 말해 준 후 각 화폐를 가리키는 시범을 보인다.
- 유아에게 교사를 모방하여 각 화폐를 가리켜 보라고 한다.
- 수행되면 교사가 각 화폐 단위를 말해 줄 때 유아 스스로 각 화폐를 가리켜 보라고 한다.
- 수행되면 유아의 특성에 맞는 적절한 강화제를 제공한다.

방법 ❷

- 500원과 1,000원을 유아 앞에 제시한 후 교사가 500원과 1,000원을 각각 가리키는 시범을 보인다.
- 유아에게 교사가 모방하여 500원과 1,000원을 각각 가리켜 보라고 한다.
- 가리키지 못하면 교사가 500원을 가리키는 시범을 보인다.

- 유아에게 교사를 모방하여 500원을 가리켜 보라고 한다.
- 가리키지 못하면 교사가 유아의 손을 잡고 500원을 가리켜 준다.
- 교사가 500원을 가리키며 유아에게 500원을 가리켜 보라고 한다.
- 교사가 500원을 보여 주며 유아에게 500원을 가리켜 보라고 한다.
- 도움을 점차 줄여 간다.
- 수행되면 유아 스스로 500원을 가리켜 보라고 한다.
- 수행되면 100원과 1,000원을 유아 앞에 제시한 후 교사가 1,000원을 가리키는 시범을 보인다.
- 유아에게 교사가 모방하여 1,000원을 가리켜 보라고 한다.
- 가리키지 못하면 500원을 가리킨 것과 같은 방법으로 지도한다.
- 수행되면 유아 스스로 1,000원을 가리켜 보라고 한다.
- 수행되면 100원과 500원, 1,000원을 유아 앞에 제시한 후 교사가 100원을 가리키는 시범을 보인다.
- 유아에게 교사가 모방하여 100원을 가리켜 보라고 한다.
- 가리키지 못하면 500원을 가리킨 것과 같은 방법으로 지도한다.
- 수행되면 유아 스스로 100원을 가리켜 보라고 한다.
- 수행되면 교사가 각 화폐 단위를 말해 줄 때 유아 스스로 각 화폐를 가리켜 보라고 한다.
- 수행되면 유아의 특성에 맞는 적절한 강화제를 제공한다.

방법 ❸
- 유아가 좋아하는 과자, 사탕, 장난감 등을 준비한 후 각 물건에 100원, 500원, 1,000원을 붙여 놓는다.
- 교사가 예를 들어 1,000원을 주고 과자를 사는 시범을 보인다.
- 유아에게 각 화폐를 준 후 교사를 모방하여 1,000원을 주고 과자를 사 보라고 한다.
- 사지 못하면 교사가 유아의 손을 잡고 1,000원을 주고 과자를 사 준다.

- 교사가 1,000원을 가리키며 유아에게 1,000원을 주고 과자를 사 보라고 한다.
- 도움을 점차 줄여 간다.
- 수행되면 유아 스스로 1,000원을 주고 과자를 사 보라고 한다.
- 수행되면 교사가 유아에게 각 화폐를 준 후 갖고 싶은 물건을 돈을 주고 사 보라고 한다.
- 예를 들어 유아가 과자를 사고 싶다고 말하거나 가리키면 교사가 과자의 가격을 500원이라고 말해 준 후 500원을 달라고 한다.
- 주지 못하면 교사가 유아의 손을 잡고 500원을 교사에게 준 후 과자를 가져가게 한다.
- 교사가 유아의 손에 있는 500원을 가리키며 달라고 한 후 과자를 준다.
- 수행되면 유아 스스로 500원을 주고 과자를 가져가게 한다.
- 100원도 이와 같은 방법으로 지도한다.
- 수행되면 유아에게 각 화폐를 준 후 물건의 가격에 따라 돈을 주고 물건을 사 보라고 한다.
- 수행되면 유아의 특성에 맞는 적절한 강화제를 제공한다.

☞ 화폐 단위 지도 시 같은 동전(예: 100원, 500원)을 가지고 지도하는 것보다 확연하게 차이가 나는 100원과 1,000원 또는 500원과 1,000원을 가지고 지도하면 유아가 매우 쉽게 수행할 수 있어 효율적이므로 참고하도록 한다.

6~7
세

85 여러 가지 문구 용품 가리키기 6~7세

목표 | 여러 가지 문구 용품을 가리킬 수 있다.

자료 | 여러 가지 문구 용품의 실물이나 그림, 강화제

방법 ❶

- 교사가 여러 가지 문구 용품의 실물이나 그림을 유아 앞에 제시한 후 각각의 문구 용품을 가리키는 시범을 보인다.
- 유아에게 교사를 모방하여 각각의 문구 용품을 가리켜 보라고 한다.
- 수행되면 교사가 각 문구 용품의 이름을 말해 줄 때 유아 스스로 가리켜 보라고 한다.
- 수행되면 여러 가지 문구 용품의 위치를 바꾸어 놓고 교사가 각 문구 용품의 이름을 말해 줄 때 유아 스스로 가리켜 보라고 한다.
- 수행되면 유아의 특성에 맞는 적절한 강화제를 제공한다.

방법 ❷

- 교사가 연필과 가위를 유아 앞에 놓고 각각의 이름을 말해 준 후 "연~필은 ♬ 어디 있나 ♬ 여~기 ♬"라고 노래 부르며 연필을 가리키는 시범을 보인다.
- 유아에게 교사를 모방하여 연필을 가리켜 보라고 한다.
- 모방하지 못하면 교사가 유아의 손을 잡고 연필을 가리켜 준다.
- 교사가 연필을 가리키며 유아에게 연필을 가리켜 보라고 한다.
- 도움을 점차 줄여 간다.
- 수행되면 교사가 연필의 이름을 말해 줄 때 유아 스스로 연필을 가리켜 보라고 한다.
- 수행되면 교사가 가위 이름을 말해 준 후 "가~위는 ♬ 어디 있나 ♬ 여~기 ♬"라

6~7세

299

고 노래 부르며 가위를 가리키는 시범을 보인다.

- 유아에게 교사를 모방하여 가위를 가리켜 보라고 한다.
- 모방하지 못하면 교사가 유아의 손을 잡고 가위를 가리켜 준다.
- 교사가 가위를 가리키며 유아에게 가위를 가리켜 보라고 한다.
- 도움을 점차 줄여 간다.
- 수행되면 교사가 가위의 이름을 말해 줄 때 유아 스스로 가위를 가리켜 보라고 한다.
- 수행되면 교사가 연필과 가위의 이름을 말해 줄 때 유아 스스로 연필과 가위를 가리켜 보라고 한다.
- 수행되면 다른 문구 용품들도 위와 같은 방법으로 지도한다.
- 수행되면 교사가 각 문구 용품의 이름을 말해 줄 때 유아 스스로 각 문구 용품을 가리켜 보라고 한다.
- 수행되면 여러 가지 문구 용품의 위치를 바꾸어 놓고 교사가 각 문구 용품의 이름을 말해 줄 때 유아 스스로 가리켜 보라고 한다.
- 수행되면 유아의 특성에 맞는 적절한 강화제를 제공한다.

☞ 교구로 제작하여 사용하면 문구 용품의 위치를 다양하게 바꾸어 확인할 수 있기 때문에 편리하고 유아도 흥미로워한다. 하드보드지에 보슬이를 붙이고 각 문구 용품 뒤에는 까슬이를 붙여, 붙였다 뗐다 할 수 있도록 제작하면 된다. 하드보드지는 시중 문방구에서 쉽게 구입할 수 있다.

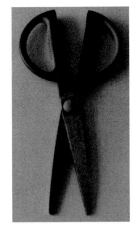
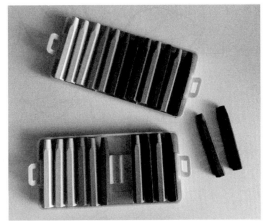

86 세 장면을 순서대로 배열하기   6~7세

목표 | 세 장면을 순서대로 배열할 수 있다.
자료 | 상황이 일어난 순서 그림자료, 강화제

방법 ❶

- 교사가 세 장면의 그림을 제시한 후 상황이 일어난 순서대로 배열하는 시범을 보인다.
- 유아에게 교사를 모방하여 상황이 일어난 순서대로 배열해 보라고 한다.
- 수행되면 유아 스스로 상황이 일어난 순서대로 배열해 보라고 한다.
- 수행되면 교사가 세 장면의 그림 위치를 다양하게 바꾸어 제시한 후 유아에게 상황이 일어난 순서대로 배열해 보라고 한다.
- 수행되면 유아의 특성에 맞는 적절한 강화제를 제공한다.

방법 ❷

- 교사가 예를 들어 아이가 뛰어가다가 돌에 걸려 넘어져서 의사에게 치료를 받는 상황을 보여 주며 일이 일어난 순서를 설명한다.
- 교사가 아이가 뛰어가는 장면과 돌에 걸려 넘어진 장면을 순서대로 배열하는 시범을 보인다.
- 유아에게 교사를 모방하여 뛰어가는 장면 뒤에 돌에 걸려 넘어진 장면을 배열해 보라고 한다.
- 순서대로 배열하지 못하면 교사가 유아의 손을 잡고 일이 일어난 순서대로 배열해 준다.
- 교사가 뛰어가는 장면을 제시한 후 유아에게 뛰어가는 장면 뒤에 돌에 걸려 넘어진 장면을 놓아 보라고 한다.

6~7
세

303

- 교사가 뛰어가는 장면을 제시한 후 돌에 걸려 넘어진 장면을 가리키며 유아에게 뛰어가는 장면 뒤에 놓아 보라고 한다.
- 수행되면 유아 스스로 뛰어가는 장면 뒤에 돌에 걸려 넘어진 장면을 놓아 보라고 한다.
- 수행되면 교사가 두 장면을 순서대로 가리키며 유아에게 배열해 보라고 한다.
- 도움을 점차 줄여 간다.
- 수행되면 유아 스스로 두 장면을 순서대로 배열해 보라고 한다.
- 수행되면 교사가 아이가 뛰어가는 장면과 돌에 걸려 넘어진 장면, 의사에게 치료를 받는 장면을 제시한 후 순서대로 배열하는 시범을 보인다.
- 유아에게 교사를 모방하여 세 장면을 순서대로 배열해 보라고 한다.
- 순서대로 배열하지 못하면 교사가 유아의 손을 잡고 일이 일어난 순서대로 배열해 준다.
- 교사가 뛰어가는 장면과 돌에 걸려 넘어진 장면을 제시한 후 유아에게 의사에게 치료를 받는 장면을 놓아 보라고 한다.
- 수행되면 교사가 뛰어가는 장면을 제시한 후 유아에게 돌에 걸려 넘어진 장면과 의사에게 치료를 받는 장면을 순서대로 배열해 보라고 한다.
- 수행되면 유아 스스로 세 장면을 일이 일어난 순서대로 배열해 보라고 한다.
- 수행되면 교사가 세 장면의 그림 위치를 다양하게 바꾸어 제시한 후 유아에게 상황이 일어난 순서대로 배열해 보라고 한다.
- 수행되면 다른 장면들도 위와 같은 방법으로 지도한다.
- 수행되면 교사가 다양한 세 장면을 섞어 놓고 유아 스스로 일이 일어난 순서대로 배열해 보라고 한다.
- 수행되면 유아의 특성에 맞는 적절한 강화제를 제공한다.

방법 ❸
- 교사가 예를 들어 아이가 뛰어가다가 돌에 걸려 넘어져서 의사에게 치료를 받는

상황을 보여 주며 일이 일어난 순서를 설명한다.

• 교사가 아이가 뛰어가는 장면과 돌에 걸려 넘어진 장면을 순서대로 배열한 후 의사에게 치료를 받는 장면을 놓는 시범을 보인다.

• 교사가 일이 일어난 순서대로 두 장면을 배열한 후 유아에게 교사를 모방하여 의사에게 치료를 받는 장면을 놓아 보라고 한다.

• 배열하지 못하면 교사가 유아의 손을 잡고 두 번째 장면 뒤에 의사에게 치료를 받는 장면을 놓아 준다.

• 교사가 의사에게 치료를 받는 장면을 가리키며 유아에게 두 번째 장면 뒤에 놓아 보라고 한다.

• 도움을 점차 줄여 간다.

• 수행되면 유아 스스로 두 번째 장면 뒤에 의사에게 치료를 받는 장면을 놓아 보라고 한다.

• 수행되면 교사가 아이가 뛰어가는 장면을 제시한 후 나머지 장면을 순서대로 배열하는 시범을 보인다.

• 교사가 아이가 뛰어가는 장면을 제시한 후 유아에게 나머지 장면을 순서대로 배열해 보라고 한다.

• 배열하지 못하면 교사가 유아의 손을 잡고 아이가 뛰어가는 장면 뒤에 나머지 장면을 순서대로 배열해 준다.

• 교사가 나머지 장면을 가리키며 유아에게 아이가 뛰어가는 장면 뒤에 나머지 장면을 순서대로 배열해 보라고 한다.

• 도움을 점차 줄여 간다.

• 수행되면 유아 스스로 아이가 뛰어가는 장면 뒤에 나머지 장면을 순서대로 배열해 보라고 한다.

• 수행되면 교사가 세 장면을 일이 일어난 순서대로 배열하는 시범을 보인다.

• 유아에게 교사를 모방하여 세 장면을 일이 일어난 순서대로 배열해 보라고 한다.

• 배열하지 못하면 두 번째와 세 번째 장면을 배열한 것과 같은 방법으로 지도한다.

6~7
세

- 수행되면 교사가 세 장면을 제시한 후 유아 스스로 일이 일어난 순서대로 배열해 보라고 한다.
- 수행되면 유아의 특성에 맞는 적절한 강화제를 제공한다.

☞ 방법 ❸은 후진법(뒤에서부터 수행해 나감)으로 방법 ❷의 점진법(앞에서부터 순서대로 수행해 나감) 보다 유아가 성취감을 쉽게 느낄 수 있어 일반적으로 발달지체 및 장애 영유아에게는 후진법을 많이 적용한다. 그러나 영유아의 특성을 고려하여 적용하는 것이 바람직하므로 참고하기 바란다.

"부드럽다.""딱딱하다." 가리키기

목표 | 부드럽고 딱딱한 물건을 가리킬 수 있다.

자료 | 부드럽고 딱딱한 여러 개의 물건과 각 그림, 강화제

방법 ❶

- 교사가 부드럽고 딱딱한 여러 개의 물건을 유아에게 설명한 후 부드러운 것과 딱딱한 것을 가리키는 시범을 보인다.
- 유아에게 교사를 모방하여 부드러운 것과 딱딱한 것을 가리켜 보라고 한다.
- 수행되면 교사의 지시에 따라 유아 스스로 부드러운 것과 딱딱한 것을 가리켜 보라고 한다.
- 수행되면 부드럽고 딱딱한 여러 개의 물건들을 섞어 놓고 교사의 지시에 따라 부드러운 것과 딱딱한 것을 가리켜 보라고 한다.
- 수행되면 유아의 특성에 맞는 적절한 강화제를 제공한다.

방법 ❷

- 교사가 예를 들어 부드러운 쿠션과 딱딱한 컵을 유아 앞에 제시한다.
- 교사가 부드러운 것과 딱딱한 것을 설명한 후 "부드러운 것은 무얼까? ♫ 맞춰~봐요, 맞춰~봐요 ♫"라고 노래 부르며 부드러운 쿠션을 가리키는 시범을 보인다.
- 유아에게 교사를 모방하여 부드러운 것을 가리켜 보라고 한다.
- 가리키지 못하면 교사가 유아의 손을 잡고 부드러운 것을 가리켜 준다.
- 교사가 부드러운 쿠션을 가리키며 유아에게 부드러운 것을 가리켜 보라고 한다.
- 도움을 점차 줄여 간다.
- 수행되면 유아 스스로 부드러운 것을 가리켜 보라고 한다.
- 수행되면 교사가 "딱딱한 것은 무얼까? ♫ 맞춰~봐요, 맞춰~봐요 ♫"라고 노래

부르며 딱딱한 컵을 가리키는 시범을 보인다.

- 유아에게 교사를 모방하여 딱딱한 것을 가리켜 보라고 한다.
- 모방하지 못하면 부드러운 것을 가리킨 것과 같은 방법으로 지도한다.
- 수행되면 유아 스스로 딱딱한 것을 가리켜 보라고 한다.
- 수행되면 부드러운 쿠션과 딱딱한 컵의 위치를 바꾸어 놓고 유아에게 교사의 지시에 따라 부드러운 것과 딱딱한 것을 가리켜 보라고 한다.
- 수행되면 다른 물건들도 같은 방법으로 지도한다.
- 수행되면 부드러운 것과 딱딱한 여러 개의 물건들을 섞어 놓고 교사의 지시에 따라 부드러운 것과 딱딱한 것을 가리켜 보라고 한다.
- 수행되면 유아의 특성에 맞는 적절한 강화제를 제공한다.

☞ "부드럽다." "딱딱하다." 지도 시 부드러운 것과 딱딱한 것의 물체 색깔을 달리해서 지도하면 색깔이 단서가 되어 수행되는 경우가 발생하므로 가능하면 부드러운 것과 딱딱한 것의 물체 색깔을 같이 해서 반드시 확인하도록 한다.

☞ 그림은 '딱딱한 것'과 '부드러운 것'을 같은 것끼리 분류하도록 지도해도 된다.

☞ 교구로 제작하여 사용하면 부드럽고 딱딱한 물건의 그림 위치를 다양하게 바꾸어 확인할 수 있기 때문에 편리하고 유아도 흥미로워한다. 하드보드지에 보슬이를 붙이고 각 그림 뒤에는 까슬이를 붙여 붙였다 뗐다 할 수 있도록 제작하면 된다. 하드보드지는 시중 문방구에서 쉽게 구입할 수 있다.

6~7
세

88 그림에서 이상한 부분 가리키기 6~7세

목표 | 그림에서 이상한 부분을 가리킬 수 있다.
자료 | 이상한 부분이 있는 다양한 그림, 강화제

방법 ❶

- 교사가 잘못된 부분이 있는 다양한 그림을 제시한 후 이상한 부분의 이유를 설명한다.
- 교사가 각 그림의 잘못된 부분을 말하면서 이상한 부분을 가리키는 시범을 보인다.
- 유아에게 교사를 모방하여 각 그림의 이상한 부분을 가리켜 보라고 한다.
- 수행되면 유아 스스로 각 그림의 이상한 부분을 가리켜 보라고 한다.
- 수행되면 잘못된 부분이 있는 다양한 그림을 제시한 후 유아에게 이상한 부분을 가리켜 보라고 한다.
- 수행되면 유아의 특성에 맞는 적절한 강화제를 제공한다.

방법 ❷

- 교사가 잘못된 부분이 있는 다양한 그림을 제시한 후 이상한 부분의 이유를 설명한다.
- 교사가 예를 들어 햇볕이 쨍쨍한데 우산을 쓰고 있는 그림을 보여 주며 이상한 부분을 가리키는 시범을 보인다.
- 유아에게 교사를 모방하여 이상한 부분을 가리켜 보라고 한다.
- 가리키지 못하면 교사가 유아의 손을 잡고 우산을 가리켜 준다.
- 교사가 우산을 가리키며 유아에게 이상한 부분을 가리켜 보라고 한다.
- 도움을 점차 줄여 간다.
- 수행되면 유아 스스로 이상한 부분을 가리켜 보라고 한다.

- 수행되면 교사가 예를 들어 비행기가 있는 하늘에 배가 있는 그림을 보여 주며 이상한 부분을 가리키는 시범을 보인다.
- 유아에게 교사를 모방하여 이상한 부분을 가리켜 보라고 한다.
- 가리키지 못하면 교사가 유아의 손을 잡고 배를 가리켜 준다.
- 교사가 배를 가리키며 유아에게 이상한 부분을 가리켜 보라고 한다.
- 도움을 점차 줄여 간다.
- 수행되면 유아 스스로 이상한 부분을 가리켜 보라고 한다.
- 수행되면 교사가 예를 들어 젖소가 있는 들판에 물고기가 있는 그림을 보여 주며 이상한 부분을 가리키는 시범을 보인다.
- 유아에게 교사를 모방하여 이상한 부분을 가리켜 보라고 한다.
- 가리키지 못하면 배를 가리킨 것과 같은 방법으로 지도한다.
- 수행되면 유아 스스로 이상한 부분을 가리켜 보라고 한다.
- 수행되면 다른 그림들도 같은 방법으로 지도한다.
- 수행되면 잘못된 부분이 있는 다양한 그림을 제시한 후 유아에게 이상한 부분을 가리켜 보라고 한다.
- 수행되면 유아의 특성에 맞는 적절한 강화제를 제공한다.

6~7
세

계절 가리키기

목표 │ 계절을 가리킬 수 있다.
자료 │ 사계절 그림, 바구니 혹은 상자 네 개, 강화제

방법 ❶

- 교사가 각 계절의 그림과 각 계절과 관련된 그림을 제시한 후 유아에게 각 계절의 특징을 간단하게 설명하고 각 계절을 가리키는 시범을 보인다.
- 유아에게 교사를 모방하여 '봄' '여름' '가을' '겨울'을 가리켜 보라고 한다.
- 수행되면 유아 스스로 '봄' '여름' '가을' '겨울'을 가리켜 보라고 한다.
- 수행되면 그림의 위치를 바꾸어 놓은 후 사계절을 가리켜 보라고 한다.
- 수행되면 계절과 관련된 다양한 그림들을 보여 줄 때 교사의 지시에 따라 '봄' '여름' '가을' '겨울'을 가리켜 보라고 한다.
- 수행되면 유아의 특성에 맞는 적절한 강화제를 제공한다.

방법 ❷

- 교사가 각 계절의 그림과 각 계절과 관련된 그림을 제시한 후 유아에게 각 계절의 특징을 간단하게 설명한다.
- 교사가 여름과 겨울에 관련된 그림을 보여 주며 각 계절을 가리키는 시범을 보인다.
- 교사가 여름과 겨울에 관련된 그림을 보여 주며 유아에게 교사를 모방하여 각 계절을 가리켜 보라고 한다.
- 가리키지 못하면 교사가 여름과 관련된 그림(예: 선풍기)을 제시한 후 여름을 가리키는 시범을 보인다.
- 교사가 여름과 관련된 그림을 보여 주며 유아에게 교사를 모방하여 여름을 가리켜 보라고 한다.

- 가리키지 못하면 교사가 유아의 손을 잡고 여름을 가리켜 준다.
- 교사가 여름을 가리키며 유아에게 여름을 가리켜 보라고 한다.
- 도움을 점차 줄여 간다.
- 수행되면 교사가 여름과 관련된 그림을 보여 줄 때 유아 스스로 여름을 가리켜 보라고 한다.
- 수행되면 교사가 여름과 겨울 그림을 보여 줄 때 유아 스스로 여름을 가리켜 보라고 한다.
- 수행되면 교사가 겨울과 관련된 그림을 제시한 후 겨울을 가리키는 시범을 보인다.
- 교사가 겨울과 관련된 그림을 보여 주며 유아에게 교사를 모방하여 겨울을 가리켜 보라고 한다.
- 가리키지 못하면 교사가 유아의 손을 잡고 겨울을 가리켜 준다.
- 교사가 겨울을 가리키며 유아에게 겨울을 가리켜 보라고 한다.
- 도움을 점차 줄여 간다.
- 수행되면 교사가 겨울과 관련된 그림을 보여 줄 때 유아 스스로 겨울을 가리켜 보라고 한다.
- 수행되면 교사가 여름과 겨울 그림을 보여 줄 때 유아 스스로 겨울을 가리켜 보라고 한다.
- 수행되면 교사가 여름과 겨울의 위치를 바꾸어 놓은 후 유아 스스로 각각의 계절을 가리켜 보라고 한다.
- 수행되면 다른 계절도 위와 같은 방법으로 지도한다.
- 수행되면 각각의 계절과 관련된 그림들을 보여 줄 때 교사의 지시에 따라 각각의 계절을 가리켜 보라고 한다.
- 수행되면 유아의 특성에 맞는 적절한 강화제를 제공한다.

방법 ❸
6~7세
- 교사가 각 계절의 그림과 각 계절과 관련된 그림을 제시한 후 유아에게 각 계절의

특징을 간단하게 설명한다.

- 교사가 각 계절과 관련된 그림 옆에 각 계절을 붙이는 시범을 보인다.
- 교사가 계절과 관련된 그림을 제시한 후 유아에게 교사를 모방하여 계절과 관련된 그림 옆에 각 계절을 붙여 보라고 한다.
- 붙이지 못하면 교사가 예를 들어 여름과 관련된 그림 옆에 여름을 붙이는 시범을 보인다.
- 유아에게 교사를 모방하여 여름과 관련된 그림 옆에 여름을 붙여 보라고 한다.
- 붙이지 못하면 교사가 유아의 손을 잡고 여름을 붙여 준다.
- 교사가 여름을 가리키며 유아에게 여름을 붙여 보라고 한다.
- 도움을 점차 줄여 간다.
- 수행되면 여름과 관련된 그림 옆에 유아 스스로 여름을 붙여 보라고 한다.
- 수행되면 교사가 예를 들어 겨울과 관련된 그림 옆에 겨울을 붙이는 시범을 보인다.
- 유아에게 교사를 모방하여 겨울과 관련된 그림 옆에 겨울을 붙여 보라고 한다.
- 붙이지 못하면 교사가 유아의 손을 잡고 겨울을 붙여 준다.
- 교사가 겨울을 가리키며 유아에게 겨울을 붙여 보라고 한다.
- 도움을 점차 줄여 간다.
- 수행되면 겨울과 관련된 그림 옆에 유아 스스로 겨울을 붙여 보라고 한다.
- 수행되면 여름 및 겨울과 관련된 그림 옆에 유아 스스로 여름과 겨울을 붙여 보라고 한다.
- 수행되면 여름 및 겨울과 관련된 그림의 위치를 바꾸어 놓은 후 여름과 겨울을 붙여 보라고 한다.
- 수행되면 다른 계절도 위와 같은 방법으로 지도한다.
- 수행되면 각각의 계절과 관련된 그림들을 제시한 후 유아에게 각 계절과 관련된 그림 옆에 각각의 계절을 붙여 보라고 한다.
- 수행되면 유아의 특성에 맞는 적절한 강화제를 제공한다.

- 교사가 각 계절의 그림과 각 계절과 관련된 그림을 제시한 후 유아에게 각 계절의 특징을 간단하게 설명한다.
- 교사가 네 개의 바구니에 각 계절의 특징(예: 여름 바구니 앞에는 선풍기)을 나타내는 그림을 붙여 놓고 각각의 바구니에 각 계절과 관련된 그림을 넣는 시범을 보인다.
- 유아에게 교사를 모방하여 각각의 바구니에 각 계절과 관련된 그림을 넣어 보라고 한다.
- 넣지 못하면 교사가 예를 들어 여름과 관련된 그림이 붙어 있는 바구니에 여름을 나타내는 그림을 넣는 시범을 보인다.
- 유아에게 교사를 모방하여 여름과 관련된 그림이 붙어 있는 바구니에 여름을 나타내는 그림을 넣어 보라고 한다.
- 넣지 못하면 교사가 유아의 손을 잡고 여름과 관련된 그림이 붙어 있는 바구니에 여름을 나타내는 그림을 넣어 준다.
- 교사가 여름을 나타내는 그림을 가리키며 유아에게 여름과 관련된 그림이 붙어 있는 바구니에 넣어 보라고 한다.
- 도움을 점차 줄여 간다.
- 수행되면 유아 스스로 여름을 나타내는 그림을 여름과 관련된 그림이 붙어 있는 바구니에 넣어 보라고 한다.
- 수행되면 교사가 여름 및 겨울과 관련된 그림을 제시한 후 유아 스스로 여름을 나타내는 그림을 여름과 관련된 그림이 붙어 있는 바구니에 넣어 보라고 한다.
- 수행되면 교사가 예를 들어 겨울과 관련된 그림이 붙어 있는 바구니에 겨울을 나타내는 그림을 넣는 시범을 보인다.
- 유아에게 교사를 모방하여 겨울과 관련된 그림이 붙어 있는 바구니에 겨울을 나타내는 그림을 넣어 보라고 한다.
- 넣지 못하면 여름을 지도한 것과 같은 방법으로 지도한다.
- 수행되면 유아 스스로 겨울을 나타내는 그림을 겨울과 관련된 그림이 붙어 있는

6~7
세

바구니에 넣어 보라고 한다.

- 수행되면 교사가 여름 및 겨울과 관련된 그림을 제시한 후 유아 스스로 여름 및 겨울과 관련된 그림을 각각의 바구니에 넣어 보라고 한다.
- 수행되면 다른 계절도 위와 같은 방법으로 지도한다.
- 수행되면 각각의 계절과 관련된 그림들을 제시한 후 유아에게 각 계절과 관련된 그림을 각각의 바구니에 넣어 보라고 한다.
- 수행되면 유아의 특성에 맞는 적절한 강화제를 제공한다.

☞ 교사가 각 계절 그림을 붙여 놓은 후 유아에게 각 계절과 관련된 그림을 오려서 제시하여 각 계절 그림 밑에 붙이게 하는 방법도 있다.

☞ 방법 ❸은 교구로 제작하여 사용하면 다양하게 위치를 바꾸어 확인할 수 있기 때문에 편리하고 유아도 흥미로워한다. 하드보드지에 보슬이를 붙인 후 각 계절과 관련된 그림 뒤와 각 계절 그림 뒤에 까슬이를 붙여, 붙였다 뗐다 할 수 있도록 제작하면 된다. 하드보드지는 시중 문방구에서 쉽게 구입할 수 있다.

321

90 단수형과 복수형 구별하기 6~7세

목표 | 단수형과 복수형을 구별할 수 있다.

자료 | 컵, 연필, 사탕, 공 등의 실물과 그림, 강화제

방법 ❶

- 교사가 예를 들어 사탕 여러 개를 제시한 후 유아에게 사탕 한 개를 주면서 "사탕."이라고 하고, 여러 개의 사탕을 주면서 "사탕들."이라고 하는 시범을 보인다.
- 유아에게 교사가 "사탕."이라고 하면 사탕 한 개를 주고, "사탕들."이라고 하면 하나 이상의 사탕을 교사에게 달라고 한다.
- 수행되면 사탕 여러 개를 놓고 유아 스스로 교사가 "사탕."이라고 하면 사탕 한 개를 주고, "사탕들."이라고 하면 하나 이상의 사탕을 교사에게 주게 한다.
- 수행되면 다른 물건들도 교사가 단수형이나 복수형으로 말했을 때 각 물건을 적절하게 줄 수 있는지 확인한다.
- 수행되면 유아의 특성에 맞는 적절한 강화제를 제공한다.

방법 ❷

- 교사가 예를 들어 사탕 여러 개를 제시한 후 유아에게 사탕 한 개를 주면서 "사탕."이라고 하고, 여러 개의 사탕을 주면서 "사탕들."이라고 하는 시범을 보인다.
- 유아에게 교사가 "사탕."이라고 하면 사탕 한 개를 주고, "사탕들."이라고 하면 하나 이상의 사탕을 교사에게 달라고 한다.
- 주지 못하면 교사가 여러 개의 사탕을 제시한 후 "사탕."이라고 하면서 사탕 한 개를 집는 시범을 보인다.
- 교사가 "사탕."이라고 하면 유아가 교사를 모방하여 사탕 한 개를 집어 보라고 한다.
- 모방하지 못하면 교사가 유아의 손을 잡고 사탕 한 개를 집어 준다.

6~7세

- 교사가 사탕 한 개를 가리키며 유아에게 사탕 한 개를 집어 보라고 한다.
- 도움을 점차 줄여 간다.
- 수행되면 교사가 "사탕."이라고 할 때 유아 스스로 사탕 한 개를 집어 보라고 한다.
- 수행되면 교사가 "사탕들."이라고 하면서 사탕 여러 개를 집는 시범을 보인다.
- 교사가 "사탕들."이라고 하면 유아가 교사를 모방하여 사탕 여러 개를 집어 보라고 한다.
- 모방하지 못하면 교사가 유아의 손을 잡고 사탕 여러 개를 집어 준다.
- 교사가 사탕 여러 개를 가리키며 유아에게 사탕 여러 개를 집어 보라고 한다.
- 도움을 점차 줄여 간다.
- 수행되면 교사가 "사탕들."이라고 할 때 유아 스스로 사탕 여러 개를 집어 보라고 한다.
- 수행되면 유아 스스로 교사가 "사탕."이라고 할 때 사탕 한 개를 집고, "사탕들."이라고 하면 사탕 여러 개를 집어 보라고 한다.
- 수행되면 교사가 예를 들어 컵 여러 개를 제시한 후 유아에게 컵 한 개를 주면서 "컵."이라고 하고 컵을 여러 개 주면서 "컵들."이라고 하는 시범을 보인다.
- 유아에게 교사가 "컵."이라고 하면 컵 한 개를 주고, "컵들."이라고 하면 하나 이상의 컵을 교사에게 달라고 한다.
- 주지 못하면 사탕을 지도한 것과 같은 방법으로 지도한다.
- 수행되면 유아 스스로 교사가 "컵."이라고 할 때 컵 한 개를 집고, "컵들."이라고 하면 컵 여러 개를 집어 보라고 한다.
- 수행되면 다른 물건들도 사탕을 지도한 것과 같은 방법으로 지도한다.
- 수행되면 다른 물건들도 교사가 단수형이나 복수형으로 말했을 때 각 물건을 적절하게 줄 수 있는지 확인한다.
- 수행되면 유아의 특성에 맞는 적절한 강화제를 제공한다.

☞ 그림을 오려서 교사가 단수형이나 복수형으로 말할 때 적절한 그림을 주게 하거나 가리키게 해도 된다. 그리고 교사의 지시에 따라 단수형이나 복수형에 스티커를 붙이게 하거나 동그라미를 하게 지도할 수도 있다.

91 의태어 가리키기

목표 | 의태어와 관련된 그림을 가리킬 수 있다.

자료 | 토끼, 거북이, 나비, 풍선, 별 등 의성어와 관련된 그림, 강화제

방법 ❶

- 교사가 예를 들어 유아 앞에 토끼, 거북이, 나비, 풍선, 별 등의 그림을 제시한다.
- 교사가 "토끼가 깡충깡충." "거북이가 엉금엉금." "나비가 훨훨." "별이 반짝반짝."이라고 하면서 각각의 그림을 가리키는 시범을 보인다.
- 교사가 각각의 움직임(모양, 행동)을 말해 줄 때 유아가 교사를 모방하여 각각의 그림을 가리켜 보라고 한다.
- 수행되면 교사가 각각의 움직임을 말해 줄 때 유아 스스로 각 움직임에 맞는 그림을 가리켜 보라고 한다.
- 수행되면 교사가 그림의 위치를 바꾼 후 각각의 움직임을 말해 줄 때 유아 스스로 각 움직임에 맞는 그림을 가리켜 보라고 한다.
- 수행되면 다른 의태어 그림들도 교사의 지시에 따라 각각 가리켜 보라고 한다.
- 수행되면 유아의 특성에 맞는 적절한 강화제를 제공한다.

방법 ❷

- 교사가 예를 들어 유아 앞에 토끼와 거북이 그림을 제시한다.
- 교사가 "토끼는 ♬ 깡~충 깡~충 ♬ 거북이 ♬ 엉~금 엉~금 ♬"이라고 노래 부르며 각 그림을 가리키는 시범을 보인다.
- 교사가 토끼와 거북이의 움직임을 말해 준 후 유아에게 움직임에 맞는 동물을 각각 가리켜 보라고 한다.
- 가리키지 못하면 교사가 "토끼는 ♬ 깡~충 깡~충 ♬"이라고 노래 부르며 토끼를

327

가리키는 시범을 보인다.

- 교사가 "깡충깡충."이라고 말해 준 후 유아에게 교사를 모방하여 토끼를 가리켜 보라고 한다.
- 가리키지 못하면 교사가 유아의 손을 잡고 토끼를 가리켜 준다.
- 교사가 토끼를 가리키며 유아에게 '깡충깡충' 움직이는 것을 가리켜 보라고 한다.
- 도움을 점차 줄여 간다.
- 수행되면 교사가 "깡충깡충."이라고 말해 줄 때 유아 스스로 토끼를 가리켜 보라고 한다.
- 수행되면 교사가 토끼와 거북이 그림을 제시한 후 "깡충깡충."이라고 말해 줄 때 유아 스스로 토끼를 가리켜 보라고 한다.
- 수행되면 교사가 "거북이 ♬ 엉～금 엉～금 ♬"이라고 노래 부르며 거북이를 가리키는 시범을 보인다.
- 교사가 "엉금엉금."이라고 말해 준 후 유아에게 교사를 모방하여 거북이를 가리켜 보라고 한다.
- 가리키지 못하면 교사가 유아의 손을 잡고 거북이를 가리켜 준다.
- 교사가 거북이를 가리키며 '엉금엉금' 움직이는 것을 가리켜 보라고 한다.
- 도움을 점차 줄여 간다.
- 수행되면 교사가 "엉금엉금."이라고 말해 줄 때 유아 스스로 거북이를 가리켜 보라고 한다.
- 수행되면 교사가 토끼와 거북이의 그림 위치를 바꾸어 놓고 "깡충깡충." "엉금엉금."이라고 말해 줄 때 유아 스스로 토끼와 거북이를 가리켜 보라고 한다.
- 수행되면 다른 의태어도 위와 같은 방법으로 지도한다.
- 수행되면 의태어 그림들을 섞어 놓고 교사의 지시에 따라 각각 가리켜 보라고 한다.
- 수행되면 유아의 특성에 맞는 적절한 강화제를 제공한다.

☞ 수행되면 글자를 오려서 각 그림 밑에 적합한 글자를 붙이는 놀이를 하면 된다. 글씨를 모르는
경우 교사가 글씨를 읽어 주고 붙이게 하면 된다.

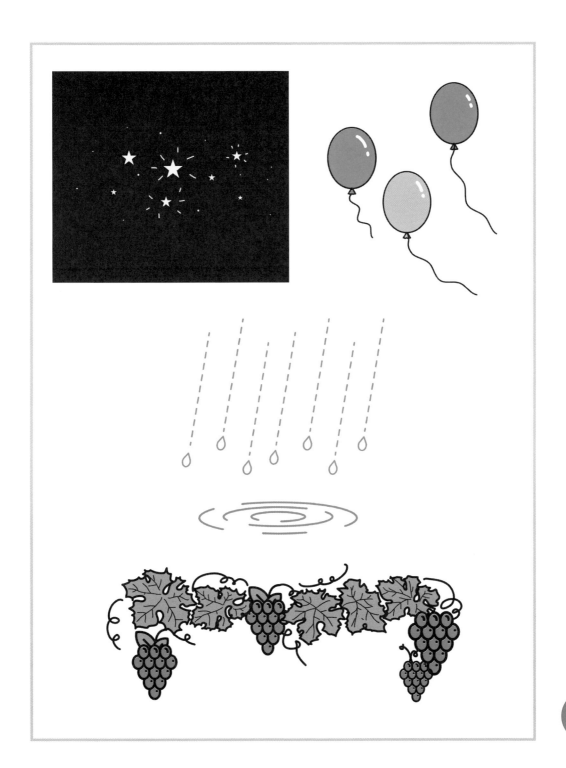

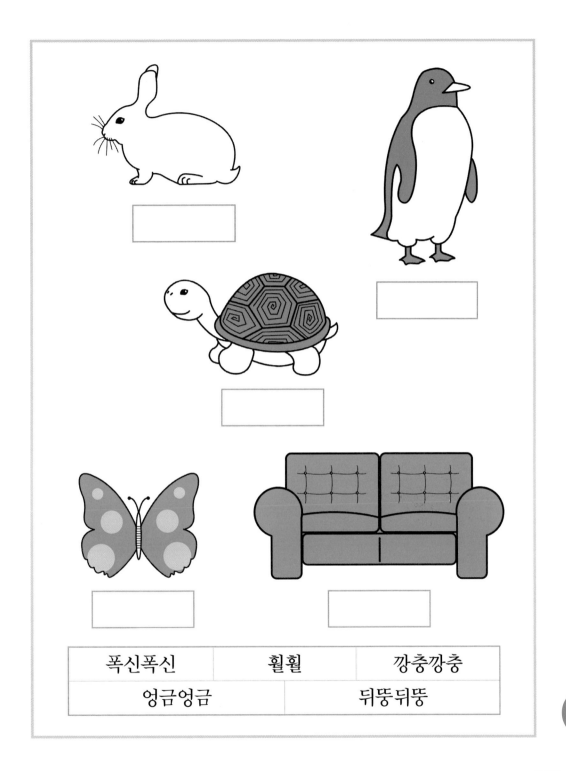

폭신폭신	훨훨	깡충깡충
엉금엉금		뒤뚱뒤뚱

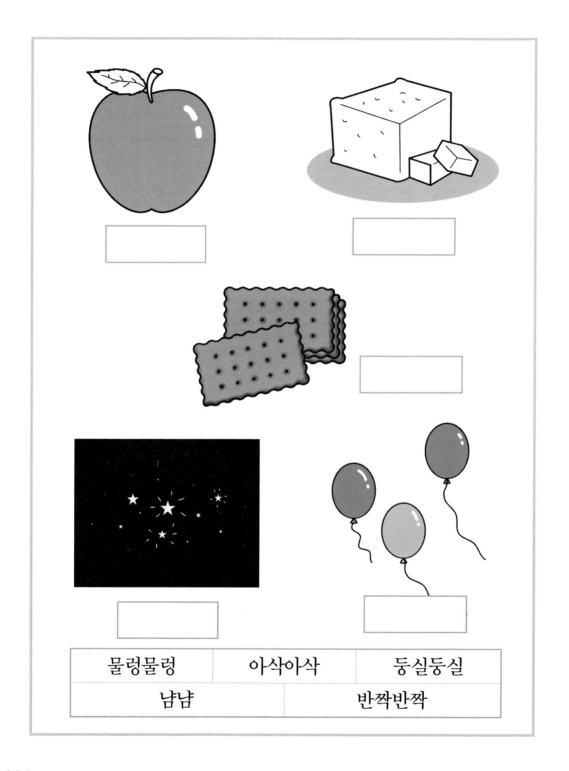

물렁물렁	아삭아삭	둥실둥실
냠냠		반짝반짝

펄럭펄럭	주렁주렁	데굴데굴
방글방글		주룩주룩

92 첫소리가 같은 그림 가리키기 [6~7세]

목표 | 첫소리가 같은 그림을 가리킬 수 있다.
자료 | 다양한 물건, 동물 모형 및 그림, 강화제

방법 ❶
- 교사가 유아 앞에 여러 개의 첫소리가 같은 그림(실물)을 놓고, 각각 이름을 말해 준다.
- 교사가 첫소리가 같은 그림을 가리키는 시범을 보인다.
- 유아에게 교사를 모방하여 첫소리가 같은 그림을 가리켜 보라고 한다.
- 수행되면 유아 스스로 첫소리가 같은 그림을 가리켜 보라고 한다.
- 수행되면 첫소리가 같은 다양한 물건이나 동물 그림 등을 제시한 후 각각 첫소리가 같은 그림들을 가리켜 보라고 한다.
- 수행되면 교사가 각 그림의 위치를 바꾸어 제시한 후 유아 스스로 첫소리가 같은 그림을 가리켜 보라고 한다.
- 수행되면 유아의 특성에 맞는 적절한 강화제를 제공한다.

방법 ❷
- 교사가 유아 앞에 여러 개의 첫소리가 같은 그림(실물)을 놓고, 각각 이름을 말해 준다.
- 교사가 첫소리가 같은 그림을 가리키는 시범을 보인다.
- 유아에게 교사를 모방하여 첫소리가 같은 그림을 가리켜 보라고 한다.
- 가리키지 못하면 교사가 예를 들어 사과, 사탕, 바나나 그림을 놓고 사과와 사탕은 첫소리가 같고 바나나는 첫소리가 다른 것을 설명한 후 첫소리가 같은 그림들을 가리키는 시범을 보인다.
- 교사가 사과와 사탕, 바나나 그림의 각 이름을 말해 준 후 유아에게 교사를 모방하여 첫소리가 같은 그림들을 가리켜 보라고 한다.

- 가리키지 못하면 교사가 유아의 손을 잡고 사과와 사탕을 가리켜 준다.
- 교사가 첫소리가 같은 그림들을 가리키며 유아에게 사과와 사탕을 가리켜 보라고 한다.
- 도움을 점차 줄여 간다.
- 수행되면 유아 스스로 사과와 사탕을 가리켜 보라고 한다.
- 수행되면 교사가 예를 들어 바나나와 바지, 가방 그림을 놓고 바나나와 바지는 첫소리가 같고 가방은 첫소리가 다른 것을 설명한 후 첫소리가 같은 그림들을 가리키는 시범을 보인다.
- 교사가 바나나와 바지, 가방 그림의 각 이름을 말해 준 후 유아에게 교사를 모방하여 첫소리가 같은 그림들을 가리켜 보라고 한다.
- 가리키지 못하면 사과와 사탕을 지도한 것과 같은 방법으로 지도한다.
- 수행되면 유아 스스로 바나나와 바지를 가리켜 보라고 한다.
- 수행되면 교사가 사과와 사탕, 바나나와 바지 그림을 제시한 후 유아 스스로 첫소리가 같은 그림들을 가리켜 보라고 한다.
- 수행되면 다른 그림들도 사과와 사탕을 지도한 것과 같은 방법으로 지도한다.
- 수행되면 첫소리가 같은 다양한 물건이나 동물 그림 등을 제시한 후 각각 첫소리가 같은 그림들을 가리켜 보라고 한다.
- 수행되면 교사가 각 그림의 위치를 바꾸어 제시한 후 유아 스스로 첫소리가 같은 그림을 가리켜 보라고 한다.
- 수행되면 유아의 특성에 맞는 적절한 강화제를 제공한다.

☞ 교구로 제작하여 사용하면 다양하게 위치를 바꾸어 확인할 수 있기 때문에 편리하고 유아도 흥미로워한다. 하드보드지에 보슬이를 붙인 후 각 그림 뒤에 까슬이를 붙여, 붙였다 뗐다 할 수 있도록 제작하면 된다. 하드보드지는 시중 문방구에서 쉽게 구입할 수 있다.

6~7
세

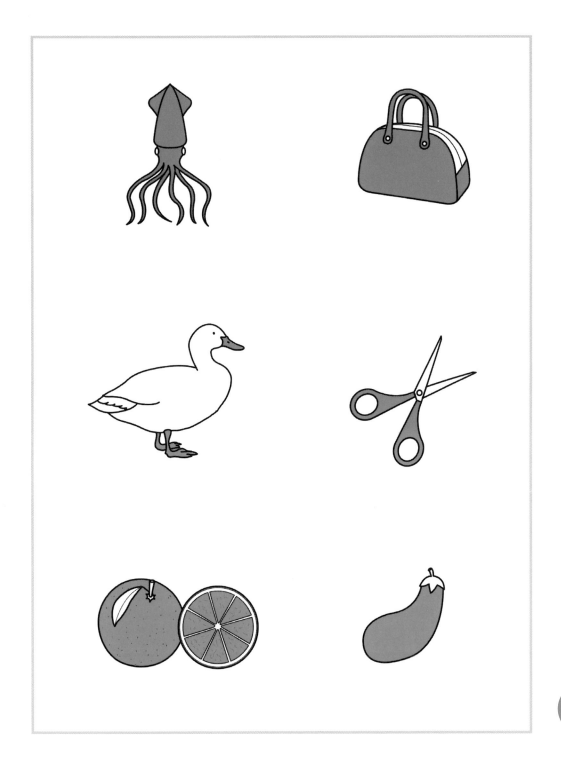

93 설명에 맞는 물체 가리키기　　　6~7세

목표 | 설명에 맞는 물체를 가리킬 수 있다.
자료 | 과일, 동물 모형이나 그림, 강화제

방법 ❶

- 교사가 유아 앞에 과일이나 동물 모형을 제시한 후 각각의 특징을 설명을 해 준다.
- 교사가 각 과일이나 동물의 특징을 설명한 후 설명에 맞는 물체를 가리키는 시범을 보인다.
- 유아에게 교사의 설명을 듣고 교사를 모방하여 설명에 맞는 물체를 가리켜 보라고 한다.
- 수행되면 유아 스스로 설명에 맞는 물체를 가리켜 보라고 한다.
- 수행되면 유아의 특성에 맞는 적절한 강화제를 제공한다.

방법 ❷

- 교사가 유아 앞에 과일이나 동물 모형을 제시한 후 각각의 특징을 설명을 해 준다.
- 교사가 예를 들어 "이것은 길쭉길쭉하고 노란색이에요. 그리고 달콤하고 맛있어요."라고 설명한 후 바나나를 가리키는 시범을 보인다.
- 유아에게 교사의 설명을 듣고 교사를 모방하여 바나나를 가리켜 보라고 한다.
- 가리키지 못하면 교사가 유아의 손을 잡고 바나나를 가리켜 준다.
- 교사가 바나나를 가리키며 유아에게 바나나를 가리켜 보라고 한다.
- 도움을 점차 줄여 간다.
- 수행되면 유아 스스로 바나나를 가리켜 보라고 한다.
- 수행되면 교사가 예를 들어 "이 동물은 야옹 야옹 하고 울어요. 집에서도 키우고 길에서도 많이 볼 수 있어요. 생선도 좋아해요."라고 설명을 한 후 고양이를 가리

키는 시범을 보인다.

- 유아에게 교사의 설명을 듣고 교사를 모방하여 고양이를 가리켜 보라고 한다.

- 가리키지 못하면 교사가 유아의 손을 잡고 고양이를 가리켜 준다.

- 교사가 고양이를 가리키며 유아에게 고양이를 가리켜 보라고 한다.

- 도움을 점차 줄여 간다.

- 수행되면 유아 스스로 고양이를 가리켜 보라고 한다.

- 수행되면 바나나와 고양이 그림(실물)이나 모형을 제시한 후 교사의 설명을 듣고 유아 스스로 각 설명에 맞는 물체를 가리켜 보라고 한다.

- 수행되면 다른 물체들도 같은 방법으로 지도한다.

- 수행되면 다양한 물체를 제시한 후 교사의 설명을 듣고 유아 스스로 각 설명에 맞는 물체를 가리켜 보라고 한다.

- 수행되면 유아의 특성에 맞는 적절한 강화제를 제공한다.

☞ 가능하면 실물이나 모형으로 지도한 후 그림 자료를 활용하도록 한다.

6~7
세

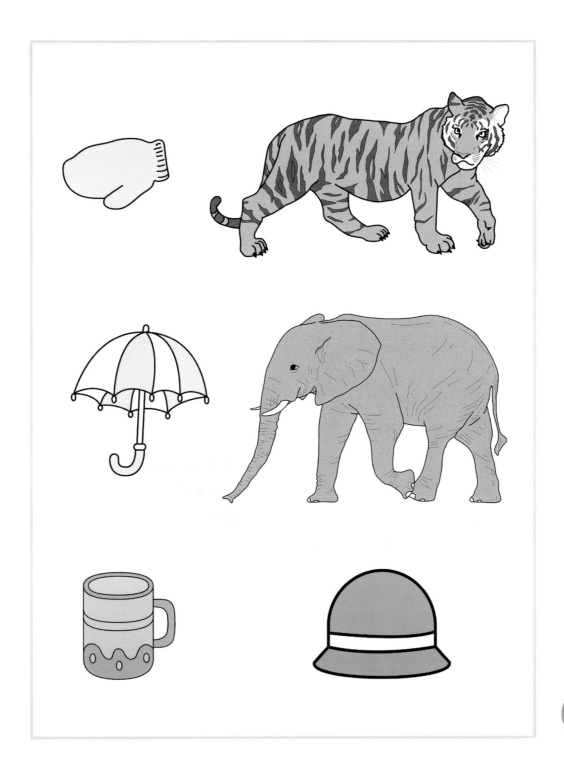

94 직업과 관련된 그림 찾기 6~7세

목표 ｜ 직업과 관련된 그림을 찾을 수 있다.

자료 ｜ 직업 및 직업과 관련된 그림, 강화제

방법 ❶

- 교사가 각 직업 및 직업과 관련된 그림들을 제시한 후 유아에게 간단하게 설명한다.
- 교사가 각 직업 및 직업과 관련된 그림들을 각각 찾는 시범을 보인다.
- 유아에게 교사를 모방하여 각 직업 및 직업과 관련된 그림들을 찾아보라고 한다.
- 수행되면 유아 스스로 각 직업 및 직업과 관련된 그림들을 찾아보라고 한다.
- 수행되면 유아의 특성에 맞는 적절한 강화제를 제공한다.

방법 ❷

- 교사가 예를 들어 의사, 이발사, 소방관 그림과 각각 관련된 그림들을 제시한다.
- 교사가 의사 그림을 보여 주면서 청진기, 동화책, 주사, 앞치마 그림을 제시한 후 청진기를 찾는 시범을 보인다.
- 유아에게 의사 그림을 보여 주면서 의사에게 필요한 것을 찾아보라고 한다.
- 찾지 못하면 교사가 유아의 손을 잡고 청진기를 찾아 준다.
- 교사가 청진기를 가리키며 유아에게 청진기를 찾아보라고 한다.
- 도움을 점차 줄여 간다.
- 수행되면 유아 스스로 청진기를 찾아보라고 한다.
- 수행되면 교사가 예를 들어 미용사 그림을 보여 주면서 빗, 가위, 팔레트, 자 그림을 제시한 후 빗과 가위를 찾는 시범을 보인다.
- 유아에게 미용사 그림을 보여 주면서 미용사에게 필요한 것을 찾아보라고 한다.
- 찾지 못하면 교사가 유아의 손을 잡고 빗과 가위를 찾아 준다.

- 교사가 빗과 가위를 가리키며 유아에게 빗과 가위를 찾아보라고 한다.
- 도움을 점차 줄여 간다.
- 수행되면 유아 스스로 빗과 가위를 찾아보라고 한다.
- 수행되면 나머지 그림들도 위와 같은 방법으로 지도한다.
- 수행되면 각 직업 및 직업과 관련된 그림들을 제시한 후 유아 스스로 각 직업 및 직업과 관련된 그림들을 찾아보라고 한다.
- 수행되면 유아의 특성에 맞는 적절한 강화제를 제공한다.

☞ 교구로 제작하여 사용하면 다양하게 위치를 바꾸어 확인할 수 있기 때문에 편리하고 유아도 흥미로워한다. 하드보드지에 보슬이를 붙인 후 각 그림 뒤에 까슬이를 붙여, 붙였다 뗐다 할 수 있도록 제작하면 된다. 하드보드지는 시중 문방구에서 쉽게 구입 할 수 있다.

6~7
세

6~7
세

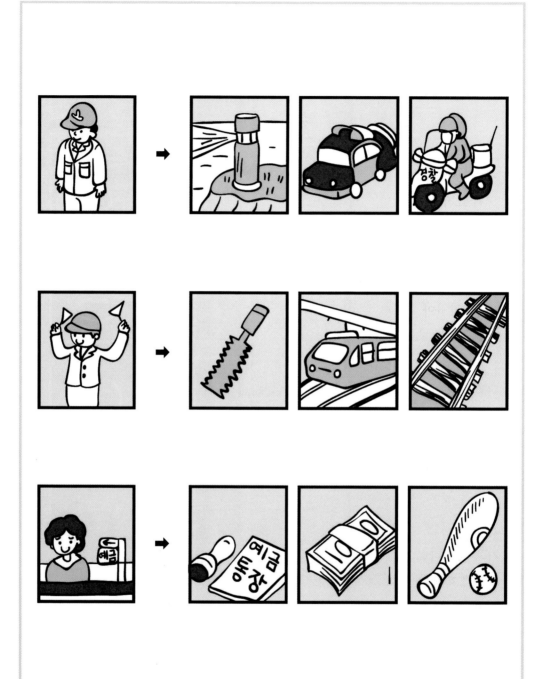

95 표지판 가리키기

`6~7세`

목표 | 상황에 맞는 표지판을 가리킬 수 있다.

자료 | 각 표지판과 관련된 그림, 강화제

방법 ❶

- 교사가 화장실, 전화기, 휴지통, 택시, 버스, 기차 등의 표지판을 제시한 후 유아에게 각 표지판에 대해 간단하게 설명해 준다.
- 교사가 각 표지판 및 표지판과 관련된 그림들을 가리키는 시범을 보인다.
- 유아에게 교사를 모방하여 각 표지판 및 표지판과 관련된 그림들을 가리켜 보라고 한다.
- 수행되면 유아 스스로 각 표지판 및 표지판과 관련된 그림들을 가리켜 보라고 한다.
- 수행되면 각 그림의 위치를 바꾸어 제시한 후 유아 스스로 각 표지판 및 표지판과 관련된 그림들을 가리켜 보라고 한다.
- 수행되면 유아의 특성에 맞는 적절한 강화제를 제공한다.

방법 ❷

- 교사가 화장실, 전화기, 휴지통, 택시, 버스, 기차 등의 표지판을 제시한 후 유아에게 각 표지판에 대해 간단하게 설명해 준다.
- 교사가 예를 들어 화장실 표지판과 휴지통 표지판을 유아에게 제시한 후 화장실에 가고 싶어 하는 그림을 보여 주며 화장실 표지판을 가리키는 시범을 보인다.
- 교사가 화장실에 가고 싶어 하는 그림을 보여 주며 유아에게 적합한 표지판을 가리켜 보라고 한다.
- 가리키지 못하면 교사가 유아의 손을 잡고 화장실 표지판을 가리켜 준다.
- 교사가 화장실 표지판을 가리키며 유아에게 화장실 표지판을 가리켜 보라고 한다.
- 도움을 점차 줄여 간다.

`6~7세`

349

- 수행되면 유아 스스로 화장실 표지판을 가리켜 보라고 한다.
- 수행되면 교사가 화장실 표지판과 휴지통 표지판을 제시한 후 휴지를 버리려고 하는 그림을 보여 주며 유아에게 적합한 표지판을 가리켜 보라고 한다.
- 가리키지 못하면 화장실 표지판을 가리키는 것과 같은 방법으로 지도한다.
- 수행되면 교사가 화장실 표지판과 휴지통 표지판을 제시한 후 화장실에 가고 싶어 하는 그림과 휴지를 버리려고 하는 그림을 보여 주며 유아가 각 그림에 맞는 표지판을 가리켜 보라고 한다.
- 수행되면 다른 표지판들도 위와 같은 방법으로 지도한다.
- 수행되면 교사가 각 표지판 및 표지판과 관련된 그림을 제시한 후 유아 스스로 각 표지판 및 표지판과 관련된 그림들을 가리켜 보라고 한다.
- 수행되면 각 그림의 위치를 바꾸어 제시한 후 유아 스스로 각 표지판 및 표지판과 관련된 그림들을 가리켜 보라고 한다.
- 수행되면 유아의 특성에 맞는 적절한 강화제를 제공한다.

방법 ❸

- 교사가 화장실, 전화기, 휴지통, 택시, 버스, 기차 등의 표지판을 제시한 후 유아에게 각 표지판에 대해 간단하게 설명해 준다.
- 교사가 예를 들어 택시와 버스, 기차 그림과 각 표지판을 제시한 후 택시와 버스, 기차를 각 표지판과 연결하는 시범을 보인다.
- 유아에게 교사를 모방하여 택시와 버스, 기차를 각 표지판과 연결해 보라고 한다.
- 연결하지 못하면 교사가 유아의 손을 잡고 택시와 버스 및 기차를 각 표지판과 연결해 준다.
- 교사가 각 교통수단과 표지판을 연결하는 점선을 전부 그려 준 후 유아에게 연결해 보라고 한다.
- 연결하지 못하면 교사가 유아의 손을 잡고, 예를 들어 택시와 택시 표지판을 연결해 준다.

- 교사가 택시와 택시 표지판 그림을 가리키며 유아에게 연결해 보라고 한다.
- 도움을 점차 줄여 간다.
- 수행되면 유아 스스로 택시와 택시 표지판 그림을 점선을 따라 연결해 보라고 한다.
- 수행되면 각 교통수단과 각 표지판을 연결하는 점선을 두 개 그려 준 후 유아에게 점선을 따라 연결하게 하고 한 개는 스스로 연결하게 한다.
- 수행되면 각 교통수단과 각 표지판을 연결하는 점선을 한 개 그려 준 후 유아에게 점선을 따라 연결하게 하고 두 개는 스스로 연결하게 한다.
- 수행되면 점선을 전부 지운 후 유아 스스로 각 교통수단과 표지판을 연결하라고 한다.
- 수행되면 각 교통수단과 표지판의 그림 순서를 다양하게 바꾸어 제시한 후 유아 스스로 연결하라고 한다.
- 수행되면 유아의 특성에 맞는 적절한 강화제를 제공한다.

☞ 교구로 제작하여 사용하면 다양하게 위치를 바꾸어 확인할 수 있기 때문에 편리하고 유아도 흥미로워한다. 하드보드지에 보슬이를 붙인 후 각 그림 뒤에 까슬이를 붙여, 붙였다 뗐다 할 수 있도록 제작하면 된다. 하드보드지는 시중 문방구에서 쉽게 구입할 수 있다.

6~7
세

 •   •

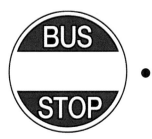 •   •

 •   •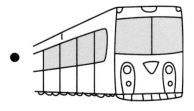

6~7
세

96 끝소리가 같은 그림 가리키기   6~7세

목표 | 끝소리가 같은 그림을 가리킬 수 있다.

자료 | 다양한 물건, 동물 모형 및 그림, 강화제

방법 ❶

- 교사가 유아 앞에 여러 개의 끝소리가 같은 그림(실물)을 놓고, 각각 이름을 말해 준다.
- 교사가 끝소리가 같은 그림을 가리키는 시범을 보인다.
- 유아에게 교사를 모방하여 끝소리가 같은 그림을 가리켜 보라고 한다.
- 수행되면 유아 스스로 끝소리가 같은 그림을 가리켜 보라고 한다.
- 수행되면 끝소리가 같은 다양한 물건이나 동물 그림 등을 제시한 후 각각 끝소리가 같은 그림들을 가리켜 보라고 한다.
- 수행되면 교사가 각 그림의 위치를 바꾸어 제시한 후 유아 스스로 끝소리가 같은 그림을 가리켜 보라고 한다.
- 수행되면 유아의 특성에 맞는 적절한 강화제를 제공한다.

방법 ❷

- 교사가 유아 앞에 여러 개의 끝소리가 같은 그림(실물)을 놓고, 각각 이름을 말해 준다.
- 교사가 끝소리가 같은 그림을 가리키는 시범을 보인다.
- 유아에게 교사를 모방하여 끝소리가 같은 그림을 가리켜 보라고 한다.
- 가리키지 못하면 교사가 예를 들어 강아지, 바지, 호랑이 그림을 놓고 강아지와 바지는 끝소리가 같고 호랑이는 끝소리가 다른 것을 설명한 후 끝소리가 같은 그림들을 가리키는 시범을 보인다.
- 교사가 강아지와 바지, 호랑이 그림의 각 이름을 말해 준 후 유아에게 교사를 모방하여 끝소리가 같은 그림들을 가리켜 보라고 한다.
- 가리키지 못하면 교사가 유아의 손을 잡고 강아지와 바지를 가리켜 준다.

6~7세

- 교사가 끝소리가 같은 그림들을 가리키며 유아에게 강아지와 바지를 가리켜 보라고 한다.
- 도움을 점차 줄여 간다.
- 수행되면 유아 스스로 강아지와 바지를 가리켜 보라고 한다.
- 수행되면 교사가 예를 들어 강아지, 호랑이, 고양이 그림을 놓고 호랑이와 고양이는 끝소리가 같고 강아지는 끝소리가 다른 것을 설명한 후 끝소리가 같은 그림들을 가리키는 시범을 보인다.
- 교사가 강아지와 호랑이, 고양이 그림의 각 이름을 말해 준 후 유아에게 교사를 모방하여 끝소리가 같은 그림들을 가리켜 보라고 한다.
- 가리키지 못하면 강아지와 바지를 지도한 것과 같은 방법으로 지도한다.
- 수행되면 유아 스스로 호랑이와 고양이를 가리켜 보라고 한다.
- 수행되면 교사가 강아지, 바지, 호랑이, 고양이 그림을 제시한 후 유아 스스로 끝소리가 같은 그림들을 가리켜 보라고 한다.
- 수행되면 다른 그림들도 강아지와 바지를 지도한 것과 같은 방법으로 지도한다.
- 수행되면 끝소리가 같은 다양한 물건이나 동물 그림 등을 제시한 후 각각 끝소리가 같은 그림들을 가리켜 보라고 한다.
- 수행되면 교사가 각 그림의 위치를 바꾸어 제시한 후 유아 스스로 끝소리가 같은 그림을 가리켜 보라고 한다.
- 수행되면 유아의 특성에 맞는 적절한 강화제를 제공한다.

☞ 교구로 제작하여 사용하면 다양하게 위치를 바꾸어 확인할 수 있기 때문에 편리하고 유아도 흥미로워한다. 하드보드지에 보슬이를 붙인 후 각 그림 뒤에 까슬이를 붙여, 붙였다 뗐다 할 수 있도록 제작하면 된다. 하드보드지는 시중 문방구에서 쉽게 구입할 수 있다.

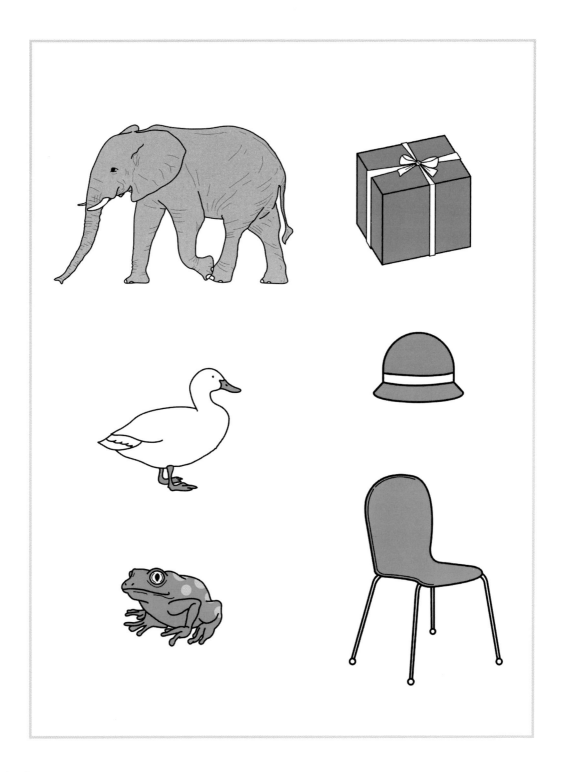

단위 명칭 가리키기

목표 ┃ 단위 명칭을 가리킬 수 있다.

자료 ┃ 단위로 셀 수 있는 사물과 그림, 강화제

방법 ❶

- 교사가 색종이, 꽃, 책, 비행기와 각 물건을 세는 단위를 제시한 후 유아에게 각 물건을 세는 단위를 간단하게 설명해 준다.
- 교사가 각 물건과 각 물건을 세는 단위를 각각 가리키는 시범을 보인다.
- 유아에게 교사를 모방하여 각 물건과 각 물건을 세는 단위를 가리켜 보라고 한다.
- 수행되면 유아 스스로 각 물건과 각 물건을 세는 단위를 가리켜 보라고 한다.
- 수행되면 각 그림의 위치를 바꾸어 제시한 후 유아 스스로 각 물건과 각 물건을 세는 단위를 가리켜 보라고 한다.
- 수행되면 유아의 특성에 맞는 적절한 강화제를 제공한다.

방법 ❷

- 교사가 색종이, 꽃, 책, 비행기와 각 물건을 세는 단위를 제시한 후 유아에게 각 물건을 세는 단위를 간단하게 설명해 준다.
- 교사가 예를 들어 꽃과 자동차를 제시한 후 '송이'로 세는 것을 가리키는 시범을 보인다.
- 유아에게 교사를 모방하여 '송이'로 세는 것을 가리켜 보라고 한다.
- 가리키지 못하면 교사가 유아의 손을 잡고 꽃을 가리켜 준다.
- 교사가 꽃을 가리키며 유아에게 꽃을 가리켜 보라고 한다.
- 도움을 점차 줄여 간다.
- 수행되면 유아 스스로 '송이'로 세는 꽃을 가리켜 보라고 한다.

- 수행되면 교사가 예를 들어 꽃과 자동차를 제시한 후 '대'로 세는 것을 가리키는 시범을 보인다.
- 유아에게 교사를 모방하여 '대'로 세는 것을 가리켜 보라고 한다.
- 가리키지 못하면 교사가 유아의 손을 잡고 자동차를 가리켜 준다.
- 교사가 자동차를 가리키며 유아에게 자동차를 가리켜 보라고 한다.
- 도움을 점차 줄여 간다.
- 수행되면 유아 스스로 '대'로 세는 자동차를 가리켜 보라고 한다.
- 수행되면 교사가 꽃과 자동차를 제시한 후 유아에게 '송이'로 세는 것과 '대'로 세는 것을 각각 가리켜 보라고 한다.
- 수행되면 다른 단위 명칭들도 위와 같은 방법으로 지도한다.
- 수행되면 교사가 색종이, 꽃, 책, 비행기와 각 물건을 세는 단위를 제시한 후 유아 스스로 각각의 단위 명칭을 가리켜 보라고 한다.
- 수행되면 각 그림의 위치를 바꾸어 제시한 후 유아 스스로 각 물건과 각 물건을 세는 단위를 가리켜 보라고 한다.
- 수행되면 유아의 특성에 맞는 적절한 강화제를 제공한다.

방법 ❸
- 교사가 색종이, 꽃, 책, 비행기와 각 물건을 세는 단위를 제시한 후 유아에게 각 물건을 세는 단위를 간단하게 설명해 준다.
- 교사가 같은 단위 명칭을 연결할 수 있는 그림을 제시한 후 같은 단위 명칭을 연결하는 시범을 보인다.
- 유아에게 교사를 모방하여 같은 단위 명칭을 연결해 보라고 한다.
- 연결하지 못하면 교사가 유아의 손을 잡고 같은 단위 명칭을 연결해 준다.
- 교사가 같은 단위 명칭을 연결하는 점선을 전부 그려 준 후 유아에게 연결해 보라고 한다.
- 연결하지 못하면 교사가 유아의 손을 잡고, 예를 들어 고양이와 물고기를 연결해

준다.

- 교사가 고양이와 물고기 그림을 가리키며 유아에게 연결해 보라고 한다.
- 도움을 점차 줄여 간다.
- 수행되면 유아 스스로 고양이와 물고기를 점선을 따라 연결해 보라고 한다.
- 수행되면 같은 단위 명칭을 연결하는 점선을 두 개 그려 준 후 유아에게 점선을 따라 연결하게 하고 한 개는 스스로 연결하게 한다.
- 수행되면 같은 단위 명칭을 연결하는 점선을 한 개 그려 준 후 유아에게 점선을 따라 연결하게 하고 두 개는 스스로 연결하게 한다.
- 수행되면 점선을 전부 지운 후 유아 스스로 같은 단위 명칭을 연결하라고 한다.
- 수행되면 각 그림의 위치를 바꾸어 제시한 후 유아 스스로 같은 단위 명칭을 연결하라고 한다.
- 수행되면 유아의 특성에 맞는 적절한 강화제를 제공한다.

☞ 유아가 글씨를 읽을 수 있는 경우에는 단위 명칭을 오려 각 그림에 적합한 단위 명칭을 붙이게 지도해도 된다.

☞ 교구로 제작하여 사용하면 다양하게 위치를 바꾸어 확인할 수 있기 때문에 편리하고 유아도 흥미로워한다. 하드보드지에 보슬이를 붙인 후 각 그림과 단위 명칭 뒤에 까슬이를 붙여, 붙였다 뗐다 할 수 있도록 제작하면 된다. 하드보드지는 시중 문방구에서 쉽게 구입할 수 있다.

6~7
세

 •········•

 •········•

 •········•

 • •

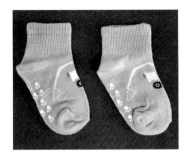 • •

 • •

6~7
세

363

송 이

부록

관찰표

관찰표

연령	번호	목표	시행 일자	습득 일자
0~1세	1	소리 나는 방향으로 고개 돌리기		
	2	이름 부르면 반응하기		
	3	이름 부르면 눈 마주치기		
	4	쳐다보라는 지시에 따르기		
	5	"안 돼."라고 했을 때 행동 멈추기		
	6	잼잼 모방하기		
	7	도리도리 모방하기		
	8	행동을 보여 주면 모방하여 지시 따르기		
	9	"빠이빠이."라고 말해 주면 손 흔들기		
	10	손 올리는 동작 모방하기		
	11	손뼉 치기		
	12	곤지곤지하기		
1~2세	13	오라는 지시에 따르기		
	14	자신 가리키기		
	15	'엄마'와 아빠' 가리키기		
	16	친숙한 물건 다섯 개 가리키기		
	17	요구할 때 사물 주기		
	18	한 가지 지시 따르기		
	19	"멈춰." "가." 지시 따르기		
	20	친숙한 동물 그림 가리키기		
	21	세 개의 장난감 가리키기		
	22	"있다." "없다." 가리키기		
	23	요구하는 물건 가져오기		
	24	엄마 · 아빠 목소리 듣고 사진 가리키기		

〈계속〉

연령	번호	목표	시행 일자	습득 일자
2~3세	25	친숙한 음식 가리키기		
	26	관련된 두 가지 지시 따르기		
	27	친숙한 과일 가리키기		
	28	여러 가지 동물 그림 가리키기		
	29	"열어요." "닫아요." 지시 따르기		
	30	큰 모자와 작은 모자 구별하기		
	31	지시에 따라 세 개의 컵블록 쌓기		
	32	친숙한 물건 열다섯 개 이상 가리키기		
	33	동사 그림 가리키기		
	34	간단한 동작 지시 따르기		
	35	"같다." "다르다." 가리키기		
3~4세	36	나이를 손가락으로 꼽기		
	37	얼굴 표정 구분하기		
	38	같은 짝 맞추기		
	39	기능이나 용도에 맞는 물건 가리키기		
	40	신체 기능 가리키기		
	41	상황의 순서 가리키기		
	42	자신의 성별 구별하기		
	43	"크다." "작다." 가리키기		
	44	관련 없는 두 가지 지시 따르기		
	45	옷의 이름 구별하기		
	46	적합한 장소 가리키기		
	47	"많다." "적다." 가리키기		
	48	"높다." "낮다." 가리키기		
	49	엄마 · 아빠 물건 구별하기		
	50	위, 아래에 입는 옷 구별하기		
	51	화장실 용품 가리키기		

〈계속〉

연령	번호	목표	시행 일자	습득 일자
4~5세	52	두 가지 촉감 가리키기		
	53	여러 가지 음식 가리키기		
	54	물건을 '앞' '뒤'에 놓기		
	55	"길다." "짧다." 가리키기		
	56	"뜨겁다." "차갑다." 가리키기		
	57	크기 순서대로 배열하기		
	58	상황에 맞는 얼굴 표정 찾기		
	59	큰 소리와 작은 소리 구별하기		
	60	가구 가리키기		
	61	"가볍다." "무겁다." 가리키기		
	62	'위' '아래' 가리키기		
	63	교통수단 구별하기		
	64	소리 듣고 물건 및 동물 가리키기		
	65	관련된 세 가지 지시 따르기		
	66	'안' '밖' 가리키기		
	67	날씨 가리키기		
	68	다른 종류 가리키기		
	69	길이 순서대로 배열하기		
	70	장소에 따라 입을 옷 찾기		
	71	필요한 도구와 기구 가리키기		
	72	소리 듣고 교통수단 가리키기		
5~6세	73	가전제품 가리키기		
	74	관련 없는 세 가지 지시 따르기		
	75	의성어 가리키기		
	76	네 가지 맛 구별하기		
	77	여름옷과 겨울옷 구분하기		
	78	최상급 가리키기		
	79	가게에서 파는 물건 가리키기		
	80	옷 입는 순서 가리키기		
	81	인체 부위 기능 연결하기		
	82	알맞은 장면 찾기		
	83	적은 순서대로 배열하기		

〈계속〉

연령	번호	목표	시행 일자	습득 일자
6~7세	84	화폐 단위 가리키기		
	85	여러 가지 문구 용품 가리키기		
	86	세 장면을 순서대로 배열하기		
	87	"부드럽다." "딱딱하다." 가리키기		
	88	그림에서 이상한 부분 가리키기		
	89	계절 가리키기		
	90	단수형과 복수형 구별하기		
	91	의태어 가리키기		
	92	첫소리가 같은 그림 가리키기		
	93	설명에 맞는 물체 가리키기		
	94	직업과 관련된 그림 찾기		
	95	표지판 가리키기		
	96	끝소리가 같은 그림 가리키기		
	97	단위 명칭 가리키기		

MEMO

MEMO

MEMO

MEMO

● 저자 소개 ●

임경옥(Lim Kyoungook)
강남대학교 특수교육학과 학사
경기대학교 교육대학원 유아교육 석사
강남대학교 교육대학원 유아특수교육 석사
단국대학교 대학원 유아특수교육 박사
전 무지개 특수아동교육원 원장
전 수원여대 사회복지과 겸임교수 및 나사렛대학교, 수원과학대학교 등 외래교수
현 수원여자대학교 아동보육과 교수

〈저서 및 역서〉
장애영유아발달영역별 지침서1~5권(공저, 학지사, 2010)
보육교사 일반직무교육(공저, 양성원, 2016)
원장 일반직무교육(공저, 양성원, 2016)
보육교사 일반직무교육(심화)(공저, 양성원, 2017)
원장 일반직무교육(심화)(공저, 양성원, 2017)
특수교육학개론(공저, 학지사, 2017)
발달지체 영유아 조기개입-인지편(학지사, 2017)
발달지체 영유아 조기개입-신변처리편(학지사, 2018)
발달지체 영유아 조기개입-수용언어편(학지사, 2018)
발달지체 영유아 조기개입-표현언어편Ⅰ(학지사, 2018)
발달지체 영유아 조기개입-표현언어편Ⅱ(학지사, 2018)
발달지체 영유아 조기개입-소근육운동편Ⅰ(학지사, 2018)
발달지체 영유아 조기개입-소근육운동편Ⅱ(학지사, 2019)
발달지체 영유아 조기개입-대근육운동편(학지사, 2019)
발달지체 영유아 조기개입-사회성편(학지사, 2020)
특수교구교재제작(공저, 학지사, 2018)
아동권리와 복지(공저, 공동체, 2018)
교사! 그 아름다운 이름(학지사, 2019)

〈주요논문〉
예비영아특수교사들의 관찰실습경험에 대한 질적 연구(한국특수아동학회, 2013)
장애영아 미술치료 연구동향 분석-1997년부터 2012년까지 전문 학술지 중심으로(한국특수아동학회, 2013)
보육교사의 전문성 인식과 통합교육 신념에 관한연구(사회복지실천연구, 2013)
예비보육교사들의 실습경험에 대한 이야기(한국콘텐츠학회, 2016)
아동복지전공 예비보육교사들이 보육실습에서 경험하는 딜레마에 대한 탐색(한국콘텐츠학회, 2016)

②

발달지체 영유아 조기개입-수용언어편-

2019년 9월 10일 1판 1쇄 발행
2023년 9월 20일 1판 6쇄 발행

지은이 • 임경옥
펴낸이 • 김진환
펴낸곳 • ㈜ **학 지 사**

04031 서울특별시 마포구 양화로 15길 20 마인드월드빌딩
대표전화 • 02)330-5114   팩스 • 02)324-2345
등록번호 • 제313-2006-000265호

홈페이지 • http://www.hakjisa.co.kr
인스타그램 • http://www.instagram.com/hakjisabook

ISBN 978-89-997-1342-2 93370

정가 17,000원

출판미디어기업 **학 지 사**

간호보건의학출판 **학지사메디컬** www.hakjisamd.co.kr
심리검사연구소 **인싸이트** www.inpsyt.co.kr
학술논문서비스 **뉴논문** www.newnonmun.com
교육연수원 **카운피아** www.counpia.com